Annie Dillard

Außer der Zeit

Annie Dillard

Außer der Zeit

aus dem Englischen
von Hans-Ulrich Möhring
und Karen Nölle-Fischer

Claassen

Die Originalausgabe erschien 1999 unter dem Titel
For the Time Being bei Alfred A. Knopf, New York, USA.

Der Claassen Verlag ist ein Unternehmen der
Econ Ullstein List Verlag GmbH & Co. KG, München.

ISBN 3-546-00169-9

Satz: Josefine Urban – KompetenzCenter, Düsseldorf
Druck und Bindung: Clausen & Bosse, Leck

Für Lee Smith

Die Legende vom Wanderer erscheint in jeder Kultur und nimmt überall neue Formen, Nöte, Kräfte und Symbole auf. Zu allen Zeiten strebt er in völliger Einsamkeit der Buße und der Erlösung entgegen.

Sollte ich anderer als strahlender Stunden gedenken?

Ich habe mich bereit erklärt, eine Geschichte an die Mauern der Stadt zu malen.
Ich arbeite jetzt schon viele Jahre,
es gibt so viel zu erzählen.

Evan S. Connell jr.,
Notes from a Bottle Found on the Beach at Carmel

Vorbemerkung der Verfasserin

Die folgenden Betrachtungen sind in der ersten Person gehalten, aber sie kreisen nicht um diese Person, und die Erzählstränge sind fortlaufend unterbrochen. Die Form der Darstellung ist ungewöhnlich, die Schauplätze sind entlegen, der Blickwinkel ist weit, der Ton schlicht. Die gebotenen Freuden sind fast ausschließlich geistiger Art.

In jedem der sieben Kapitel werden die selben Themen wieder aufgenommen und weitergeführt. Es sind: Szenen aus dem Forscherleben eines Paläontologen in der chinesischen Wüste, das Weltbild der chassidischen Juden Osteuropas, das natürliche Phänomen des Sandes, Momentaufnahmen von einzelnen Wolken, Geburtsfehler beim Menschen, Zahlen und Fakten über unsere Generation, episodische Erzählungen aus dem heutigen Israel und China sowie denkwürdige Begegnungen mit Fremden.

Eine Israelreise und Besuche auf einer Entbindungsstation bilden im wesentlichen den Stoff der ich-erzählenden Passagen. Ein weiterer durchgehender Strang ist die Geschichte des Paläontologen, und ein weiterer wiederkehrender Schauplatz ist China.

Teilhard de Chardin und der Baal-schem-tov bestimmen die Überlegungen zum Ort eines einzelnen Menschen in den unter der Erde ruhenden Generationen und in der Ewigkeit.

Vom dritten oder vierten Kapitel an wird sich eine gewisse Vertrautheit mit den disparaten Orten, Lebensgeschichten, Fakten und Gedanken einstellen. Zusammen ergeben sie ein komplexes Bild unserer Welt. Ist Gott der Urheber allen Leids? Welcher mögliche Zusammenhang besteht zwischen dem Absoluten und einem vermißten Schulmädchen im Schottenrock? Wie soll, so wie die Dinge hier liegen, ein einzelner Mensch leben?

Erstes Kapitel

Geburt Vor mir liegt aufgeschlagen das amerikanische Standardnachschlagewerk für angeborene Fehlbildungen beim Menschen. *Smith's Recognizable Patterns of Human Malformation*, vierte Auflage 1988, von Dr. Kenneth Lyons Jones, Professor für Kinderheilkunde an der University of California in San Diego, ist ein Buch, das ich niemandem guten Gewissens zur längeren Betrachtung empfehlen kann. Es führt auf drastischen Abbildungen eine Vielzahl der Variationen in unserem breiten menschlichen Spektrum vor.

Auf dem Foto hier zum Beispiel sind zwei Kinder mit »Vogelkopfzwergwuchs« zu sehen. Es sind Bruder und Schwester; sie sitzen nebeneinander auf einem Bett. Der Junge, blond, sei sechs Jahre alt, erklärt die Unterschrift, das Mädchen, brünett, drei. Ihre glatte Haut und ihre klaren Gesichter lassen sie auf den ersten und den zweiten Blick in der Tat als sechs und drei Jahre alt erscheinen. Beide sind nackt. Sie haben die Beine an die Brust gezogen. Die Kamera blickt von oben auf sie nieder. Das Mädchen hat eine hochnäsige Miene, so daß es aussieht, als blickte sie auf die Kamera nieder. Intelligente Kinder haben oft diese belustigte und kecke Wachheit, die zu fragen scheint: »Na, was bist du denn für einer?«

Das Mädchen hat eine große Nase und große Augen, eine etwas fliehende Stirn und ein schwach ausgebildetes Kinn. Ihre Arme und Beine sind dünn, aber nicht dürr. Ihr nachdenklicher großer Bruder sieht ihr recht ähnlich. Er hat eine sehr große Nase. Riesige Augen. Er guckt zur Seite, als wünschte er sich fort oder als rechnete er sich aus, daß dieser Fototermin nicht mehr ewig dauern kann. Sein blondes, modisch gestuftes Haar wirkt wie vom Spielen zerzaust.

Vogelköpfige Zwergenkinder seien »freundlich und umgänglich«, teilt der Text mit; sie seien »mittelschwer bis schwer geistig gestört«. Das vogelköpfige Zwergenmädchen, in dessen Miene ich eine belustigte, kecke Wachheit zu erkennen meine, mag demnach zwar im Leben sowohl wach als auch lustig gewesen sein – ich würde es ihr wünschen –, aber wohl kaum keck oder intelligent. Bei beiden, dem Jungen wie dem Mädchen, ist das Großhirn unterentwickelt. Es weist ein »einfaches, einem Schimpansenhirn ähnliches Konvolutionsmuster« auf. Sie haben beide nur elf Rippenpaare; sie können die Beine nicht strecken; wie viele vogelköpfige Zwerge haben sie deformierte Hüftgelenke. Andere haben deformierte Ellbogengelenke. »Leicht ablenkbar«, sagt der Text.

Das Bestürzende an dem Bild ist die Hand des Arztes, die man auf den dritten Blick bemerkt: sie gibt den Größenvergleich für die Kinder. Die Hand des

Arztes stützt den Jungen von hinten, indem sie seine Schultern hält – beide Schultern. Der Rücken des Sechsjährigen ist nicht länger als die ausgestreckte Hand des Arztes und nur wenig breiter als eine quergelegte Spielkarte. Die Gesichter der Kinder sind so lang wie der Daumen des Arztes. Diese Menschen leiden ein Leben lang an »extremem Minderwuchs«. Der Junge ist so groß wie ein Säugling von elf Monaten; das Mädchen ist so groß wie ein Säugling von vier Monaten. Wenn sie ausgewachsen sind, gesetzt, sie leben so lange und werden an den Hüften operiert, können sie eine Größe von etwa neunzig Zentimetern erreichen. Ein vogelköpfiger Zwerg wurde fünfundsiebzig Jahre alt und war dabei nicht länger als ein Meterstab.

Freundlich und umgänglich wird er gewesen sein, aber leicht ablenkbar. Gegen Leute, die freundlich und umgänglich sind, ist nichts einzuwenden. Und was ist mit dir – bist du in letzter Zeit nicht auch ziemlich ablenkbar?

Wenn du ein zwergwüchsiges, geistig behindertes Kind hättest, könntest du es überallhin mitnehmen. Die vogelköpfigen Zwergenkinder, und überhaupt alle Kinder in Smiths Nachschlagewerk, haben Seelen, und sie alle können Liebe empfangen und Liebe geben. Wenn du, wie die Mutter dieser beiden, zwei vogelköpfige Zwergenkinder zur Welt brächtest – einen Jungen und ein Mädchen –, könntest du sie ihr Leben lang überallhin mitnehmen, auf dem Arm oder in einem Korb, und sie würden niemals von dir fortgehen, nicht einmal um zu studieren.

Der Talmud gibt einen bestimmten Segen an, den ein Mann spricht, wenn er einen von Geburt an mißgebildeten Menschen sieht. Alle talmudischen Segenssprüche beginnen: »Gepriesen seist du, Gott unser Gott, König der Welt, der ...« Der Segen für diesen Anlaß, beim Anblick eines Buckligen oder eines Zwerges oder sonst eines Fehlgebildeten lautet: »Gepriesen seist du, Gott unser Gott, König der Welt, der die Menschen abweichend gestaltet.«

Ein Chromosom siedelt sich falsch an oder ein Segment reißt, im Ei oder in der Samenzelle, und dabei kommen alle möglichen Menschen heraus. In *Smith's Recognizable Patterns of Human Malformation* kann man keine Seite umblättern, ohne daß einem vor Schreck das Herz stockt. Man kann sich gar nicht dagegen wappnen. Ist dieses Kind hier lebensfähig? Was willst du ihm wünschen? Der Verfasser betitelt den Abschnitt, in dem er die Auswirkungen, die Behandlung und den voraussichtlichen Verlauf jeder Anomalie beschreibt, »Natural History«. Hier haben wir ein kleines Mädchen von ungefähr zwei Jahren. Sie trägt ein Kleid mit einem Pünktchenkragen. Ihre beiden Gesichtshälften sind nicht auf die übliche Weise zusammengefügt. Die Augen stehen weit auseinander, und unter jedem hat sie ein Nasenloch. Wo die Nase sein sollte, liegt ein konturloses Niemandsland aus Haut und Fleisch von drei, vier Zentimeter Breite, das die beiden Seiten mehr schlecht als recht verbindet. Du betest, daß dieses grotesk aussehende Kind auch geistig behindert sein möge. Aber keineswegs. »Normale Intelligenz«, sagt der Text.

Bei etlichen kraß entstellten Kindern – dem Mädchen mit den langen Haaren an den Wangen und dem völlig verkümmerten Unterkiefer, dem Jungen mit drei Fingern, dessen Unterlider so aussehen, als ob er sie heruntergezogen hätte, um jemanden zu erschrecken, dem Mädchen mit der flügelfellartigen Falte an Hals und Armbeuge, »Schaukelfüßen«, »trauriger, starrer Miene« und ohne Kinn – lautet der Text: »Intelligenz normal. Chirurgische Korrektur empfohlen.«

Wir blättern um. Was könnte sich an diesen zwei kleinen Jungen chirurgisch korrigieren lassen? Sie haben beide die riesige aufgewölbte Stirn von Außerirdischen in Zeichentrickfilmen, eine winzige aufgestülpte Nase von der Größe eines Rosendorns und weder Augenbrauen noch Wimpern noch Kinn. »Normale Intelligenz.«

Von Gott behauptet die Kabbala: Aus dem Nichtseienden schuf er das Seiende. Er hieb große Säulen aus dem ungeschiedenen Äther.

Hier haben wir einen strammen, lächelnden Säugling. Warum ist in diesem Nachschlagewerk ein strammer, lächelnder Säugling abgebildet? Du mußt nachlesen. Das Baby macht tatsächlich den Eindruck eines gesunden Neugeborenen, aber es wird sich abweichend entwickeln. Beachten Sie die festgeschlossene Faust, erklärt der sachverständige Verfasser dem behandelnden Kinderarzt, und die winzige Hautvertiefung direkt vor dem Ohr, die lose Haut im Genick. Beachten Sie das »dünne, spärliche Haar«, die »kleine Nase« und die verräterisch kleinen Fingernägel. Auf welches Baby, protestierst du, träfe diese Beschreibung nicht zu?

Diese Kinder sehen gesund aus oder doch so gut wie gesund – aber knapp verfehlt ist auch daneben. »Mittlerer IQ von 50«, heißt es im Text, oder »30«. Von Säuglingen mit dem Hurler-Syndrom, die sehr kleinwüchsig sind und Krallenhände, Hornhauttrübung, einen kurzen Hals und verzerrte Gesichtszüge haben, heißt es: »Diese Patienten sind gewöhnlich friedlich ... und häufig liebenswert. Sie sterben gewöhnlich im Kindesalter.«

Den Inuit zufolge besitzt ein Mensch sechs oder sieben Seelen. Die Seelen nehmen die Gestalt winziger, im ganzen Körper verteilter Persönchen an.

Leidest du an der »Trübsal, die« – mit den Worten eines französischen Paläontologen – »täglich menschliche Willenskräfte vor der erdrückenden Zahl der Lebewesen und der Sterne erlahmen läßt«? Zwar ist die Welt so herrlich wie eh und je, und so beglückend, aber der Glaubwürdigkeit halber wollen wir lieber mit den Schreckensmeldungen beginnen.

Ein Neugeborenes ist eine Pustel auf der dünnen Haut der Erde – wie wir alle. Wir sprießen auf wie gärende Hefe und trennen uns ab; wir vergessen unsere Anfänge. Ein Säugetier schwillt an, treibt um und scheidet hin. Du und ich sind ausgeschwollen; unsere Umtriebsphasen laufen aus, aber noch können wir Fußspuren auf einem Weg hinterlassen, dessen Ende wir nicht kennen.

Der Buddhismus merkt an, es sei immer ein Irrtum zu meinen, deine Seele käme alleine durch.

Sand Juni 1923: Der französische Paläontologe Teilhard de Chardin ritt auf einem Maultier durch die ungeheuren Weiten jenseits der Großen Mauer, westlich von Peking. Aus der Ferne sah er das Ordosplateau, die innermongolische Wüste. Vom Maultier aus erblickte er, was er Jahre zuvor in Ägypten oft gesehen hatte: »die verbrannten Steine der Wüste und den Sand der Dünen in der Dämmerung«.

Die Ordos ist ein Wüstenplateau – über tausend Meter hoch, neunzigtausend Quadratkilometer groß – überragt von wenigen Bergketten. Die Große Mauer trennt die Ordoswüste von den fruchtbaren Gebieten in den Provinzen Shansi und Shensi im Osten und Süden ab.

Er war zweiundvierzig, groß und schlank, mit feingeschnittenen Zügen. Er trug einen großen Filzhut und schwere Stiefel. Die rauhe Witterung hatte Furchen in sein Gesicht geschnitten. Während des Ersten Weltkriegs war er Krankenträger für ein Schützenregiment gewesen. Seine Tapferkeit an der Front – in Ypern, Arras und Verdun – trug ihm mehrere Ehrungen ein, die die überlebenden Männer seines Regiments für ihn forderten. Einer seiner Kameraden erinnerte sich an seine »absolute Nichtachtung der Gefahr«, wenn er bei feindlichem Beschuß über die Schutzwälle kletterte. Sie kürzten seinen Namen –

Pierre Teilhard de Chardin – zu Teilhard ab, »Tejár« gesprochen.

Sein typischer Gesichtsausdruck sei schlicht und natürlich, gab ein Wissenschaftler an, und seine Augen »voller Intelligenz und Verständnis«. Ein anderer Kollege beschrieb ihn als einen Mann »von zurückhaltender und unwiderstehlicher Vornehmheit ... In seinen Gesten so schlicht wie in seinem Benehmen«, mit einem Lächeln, »das niemals ganz in Lachen überging ... Äußerst entgegenkommend und dennoch wie ein Marmorfels.« Vom Rücken eines trabenden Maultiers konnte er auf steinigem Boden einen winzigen Splitter erspähen, den ein Frühmensch abgeschlagen hatte.

In der Ordos gruben er und der andere Geologe, mit dem er reiste, an manchen Tagen Löcher und siebten den Boden durch. An andern Tagen zogen sie in einer Karawane mit zwei mongolischen Soldaten – zum Schutz gegen Banditen – und fünf Eseltreibern weiter. »Am dritten Tag«, schrieb er einem Freund, »erreichten wir eine gewaltige Steppe, durch die wir über sechs Tage zogen, wobei wir kaum etwas anderes sahen als endlose Weiten mit hohem Gras.« Er durchquerte die Granat- und Marmorschluchten des Ula-Shan, »den alten kristallinischen Sockel Chinas«.

Juli 1923: Teilhard war einer der Männer, die die drei Esel und zehn Maultiere der Expedition zur Nacht abluden. Banditenüberfälle hatten sie aus den Steppengebieten vertrieben und sie gezwungen, in die unwirtliche Wüste auszuweichen. In jener Nacht schlugen er und die andern ihre zwei weißen Zelte im Ordosmassiv auf, in einem Kessel aus steilen roten Erdwänden. In einer der roten Steilwände fand er bei Tag die fossilen Überreste ausgestorbener Dickhäuter aus dem Pliozän.

»Der unermeßliche Zufall und die unermeßliche Blindheit der Welt«, schrieb er, »sind nur eine Illusion.«

Die wenigen Niederschläge, die auf die Ordos fallen, regnen sich in Gewittern ab. Während eines Gewitters schrieb Teilhard einen Brief: »Von diesem Teil der Reise wird die Überquerung des Arbus-Ula als die schönste Etappe in meinem Gedächtnis bleiben. Die unzähligen Schichten dieses wilden Gebirges, einer auf das rechte Ufer des Gelben Flusses vorgeschobenen Bastion des Ala-Shan, krümmen sich sanft zu zwei langen konzentrischen Falten, die über den einsamen östlichen Weiten aufzugehen scheinen.«

August 1923: Abermals schlugen sie ihre Zelte in der Wüste in einem steilen Erdkessel auf. Einen ganzen Monat lang lagerten sie hier, im südöstlichen Winkel der Ordos, wo die Steilwände grau, gelb und grün waren. Hier trafen die großen erodierten Lößberge auf den abgelagerten Sand eines Flusses, des Shara-Osso-Gol. Und hier fanden sie die ersten Anzeichen überhaupt für das Vorkommen von Frühmenschen in China. Lange vor den europäischen Neandertalern hatten dort Menschen gelebt. Menschen der gelben Erde, nannte Teilhard sie, denn Löß ist ein feiner gelber Staub. Er entdeckte ihre Spuren in der gewundenen Schlucht des Shara-Osso-Gol.

In zehn Meter Tiefe stießen sie erstmals auf Neandertalerwerkzeuge: Schaber, Stichel, Quarzitklingen. Dann gruben sie sich durch fünfzig Meter Sand, bevor sie eine Feuerstelle freilegten, die altsteinzeitliche Menschen benutzt hatten. Die schwarze Asche in der Nähe des Flusses bildete einen dünnen Streifen zwischen wechselnden Schichten von Dünensand und blauem Ton. Hominidenknochen fanden sich keine, aber dafür einige Geräte, und an der Feuerstelle selbst war nicht zu zweifeln – die ersten menschlichen Spuren nördlich des Himalaya.

Die Menschen unterhielten diese Feuer am Fluß vor ungefähr vierhundertfünfzigtausend Jahren – vor den letzten beiden Eiszeiten. Zu ihrer Zeit hob sich das nördlich gelegene Plateau in der Äußeren Mongolei langsam, aber stetig, so daß eine Barriere gegen die Monsunwinde vom Indischen Ozean entstand; das nördliche Plateau trocknete aus und bildete die Wüste Gobi. Die Menschen müssen erlebt haben, wie Staubwolken aus dem Norden geweht kamen, wahrscheinlich nur wenige große Staubwolken im Jahr. So ein Staub heute! müssen sie gedacht haben. Nach dem Verschwinden der Menschen wehte der Staub weiter auf ihr Land; er bildete gelbe und graue Lößablagerungen von bis zu hundert Meter Stärke. Fast fünfundvierzigtausend Jahrhunderte vergingen, und im Jahre 1222 ritten Dschingis Khan und seine Horden über das Plateau, über die mächtigen Schichten aus kompaktem Löß, über den fruchtbaren Staub und den toten Sand, über die Tierknochen, die Abschlagklingen und die Feuerstelle. Teilhard mußte an dieses Ereignis denken, an Dschingis Khan und seine Reiter. »Viel später«, schrieb er, »überquerte Dschingis Khan in seinem ganzen Siegerstolz diese Ebene.« Zu der Zeit stellten die Mongolen Steigbügel und Hufbeschläge aus den Hörnern von Wildschafen her.

In der Schlucht des Shara-Osso-Gol stieß Teilhard auf eine dort lebende Mongolenfamilie des 20. Jahrhunderts. Ihr Name war Wanschok. Der Vater und seine fünf Söhne halfen Teilhard in den Wochen, die er dort lagerte, bei den Ausgrabungen. Die Wanschoks ritten auf Pferden, züchteten Ziegen und wohnten in einer Höhle, die sie sich in eine von der Ufersteilwand abgetrennte Erhöhung in den Löß gegraben hatten. Sie brachten ihren kleinen Kindern das Reiten bei, indem sie sie auf Schafe setzten. »Die Mongolen tragen die Haare lang«, schrieb Teilhard, »ziehen nie die Stiefel aus, sitzen immer zu Pferde ... Die mongolischen Frauen schauen einem mit unnahbarer Miene frei in die Augen und reiten wie die Männer.«

»Mein ganzes Leben lang«, notierte er später, »in jedem Augenblick, ist die Welt vor meinen Augen nach und nach immer leuchtender und flammender geworden, so daß sie jetzt um mich herum ganz und gar von innen her erstrahlt.«

China Wir brachen an diesem Morgen im Jahre 1982 in Sian (Xi'an) auf. Wir fuhren durch ein Tor in der Stampflehmmauer aus der Stadt und folgten einer geteerten Straße hinaus aufs Land. Am Steuer der Limousine saß ein chinesischer Schriftsteller. In diesem Teil von Zentralchina ist der Boden aus feinem, goldenem Lößlehm.

Wir waren sechs Amerikaner, fast alle Schriftsteller; wir sollten chinesische Schriftsteller kennenlernen und Land und Leute sehen. Auf der Fahrt sah ich draußen in der Ebene Mais auf bewässerten Feldern wachsen – ganz normalen Futtermais –, ferner Blumenkohl, Baumwolle und Weizen. Lößböden sind außerordentlich fruchtbar. Fernab konnten wir aus Stampflehm gebaute Dörfer sehen.

Wir unterhielten uns und achteten kaum auf die Landschaft. Seit zwei Wochen besuchten wir Schriftsteller und reisten umher. Was sollten wir heute nochmal zu sehen bekommen? Irgendein Kaisergrab, das mit den Terrakottasoldaten. Ich hatte Aufnahmen in einer Zeitschrift gesehen: starre Statuen von allen möglichen Kriegern. Wir parkten und stiegen, noch über eine Bemerkung lachend, die einer von uns am Abend zuvor beim Essen gemacht hatte, eine breite Treppe zum Eingang eines niedrigen modernen Museumsgebäudes hinauf. Drinnen gingen wir an ein paar langweiligen Schaukästen vorbei und traten durch eine Seitentür auf eine Empore hinaus, und das war's.

Dort, vor der Empore, lag die Welt: Hektar um Hektar freies Gelände, ein gekrümmter Ausschnitt des Erdballs, der sich sonnenbeschienen unter dem

Morgenhimmel in der Ferne verlor. Das Gebäude hinter uns war, wie sich herausstellte, lediglich der Eingang zu einer offenen Grabungsstätte, in der chinesische Archäologen seit Jahren daran arbeiteten, dem Erdreich ein vergrabenes Heer lebensgroßer Tonsoldaten zu entreißen. Ch'in Shih Huang-ti, der erste chinesische Kaiser, ließ von Töpfern Tausende von individuell gestalteten Statuen anfertigen. Statt sein eigenes Heer lebendig begraben zu lassen, damit es ihn ins Jenseits begleite – ein damals gepflegter Brauch –, ließ er plastische Nachbildungen bestatten.

Was sich dort vor meinen Füßen einige hundert Meter weit erstreckte, sah mir nicht im geringsten nach einer archäologischen Grabungsstätte aus. Es sah mir aus, als kämen dort menschliche Körper aus der Erde gekrochen. Tiefe Korridore oder lange Gräben zerschnitten den nackten Boden in gerade Linien. Aus den Grabenwänden ragte hier ein Ellbogen, dort ein Bein mit Fuß, da ein Kopf mit Hals. Alles hatte die gleiche Farbe, der Lehmboden wie die Menschen: die Farbe irdener Pflanzenkübel.

Wo ich hinsah, arbeiteten sich die Leiber, die Menschen aus Lehm, aus der Tiefe hervor. Kopf und Schultern eines Mannes lugten aus einer Grabenwand heraus. Er trug einen Helm und eine Rüstung. Von der Brust abwärts steckte er in der Wand. Sie hielt seinen Bauch umschlossen. Seine Hüften und Beine waren noch Teil des Erdreichs. Der unberührte Grund hoch über ihm, über der Stelle, wo die Beine sein mußten, sah ganz normal aus: festgetrampelter Boden, ein paar trockene Grasbüschel. Ich blickte ihm ins Gesicht. Sein Erstaunen war nur gespielt.

Die Erde gab diese Leiber, diese Lehmmenschen, von sich: sie stieß sie hervor, preßte sie heraus. Der gleiche ockergelbe Boden, der diese Menschen barg, gebar sie auch, brachte sie aus sich vorher. Die Lehmmenschen waren schlicht Erde, geformte Erde. Eine Laune der Zeit hielt ihre Körper mitten in der Bewegung fest, wie sie gerade ins Freie drängten. Es war niemand zu sehen; die Archäologen waren seltsamerweise nicht bei der Arbeit, und meine Begleiter waren verschwunden.

Wenn sie das weite Land unter dem offenen Himmel sehen und davor die tief eingeschnittenen Korridore, aus dem Leiber hervorbrechen, kommen vielen Menschen die Tränen. Wem wäre da nicht nach Weinen zumute? Mir kam es vor, als sähe ich unser Leben aus der Perspektive der Ewigkeit. Als wäre ich längst tot und schaute hernieder.

Kopf und Hals eines Pferdes brachen seitlich auf halber Höhe durch eine Wand. Seine Augen waren weit aufgerissen. Es stieß ein Hinterbein mit abgewinkeltem Fuß hindurch, um sich in dieser Schieflage freizuscharren. Der Boden, von der gleichen Farbe wie das Pferd, schien sich durch ein Wunder verdichtet zu haben, um das Pferd zu formen, und trieb es nun aus.

Weit in der Ferne, hinter den Gräben und hinter etlichen bebauten Äckern, sah ich kaum zu erkennende Menschen bei der Feldarbeit. Wie dünne Zweige sahen sie aus. In meiner Nähe landete eine

Amsel an einer Grube, ließ sich nieder und machte pick.

Dort, in einem der tiefen Korridore, sah ich einen Mann durch die Erde schwimmen. Kopf, Schulter und ein erhobener Arm schossen aus der Wand. Sein Mund stand weit offen, als holte er mitten in einem Kraulzug Luft. Sein Kinn verschmolz mit der Wand. Der Rest von ihm war unter der Oberfläche. Ich sah nur die ockerfarbene, glattgestrichene Grabenwand, und daraus hervorragend ein Stück von Kopf und Schulter dieses Mannes in voller Lebensechtheit, mit dem gepanzerten Arm und der bloßen Hand. Er stach heraus wie ein freigelegtes Rohr. Arm und Hand warfen einen Schatten auf die gerade Wand und den gut einen Meter tiefer liegenden Grabenboden. Ich konnte den tönernen Schnurrbart sehen, stramm gezogen von dem aufgerissenen Mund, die vielen einzelnen Haare, und daneben konnte ich seine Unterlippe von der Erdwand abstehen sehen.

Der heiße Staub roch nach Knochen, oder Teig. Am Himmel bildeten sich Schönwetterwolken. Ich stand immer noch reglos da.

Das Feld mit den Gräben – von je fünf bis sechs Meter Tiefe – war anderthalb Hektar groß. Vor mir in den Gräben befanden sich Krieger in unterschiedlichen Stadien, von soeben aus dem Boden herausschwimmend bis frei aufrecht stehend. Weiter hinten, auf halber Strecke in einer Wand, platzten weitere gekrümmte Körper zutage wie aus Kokons. An einem Ende des gleichen Grabens stand – vollständig ausgegraben, zusammengesetzt und ausgebessert – eine tönerne Einheit in Reih und Glied. Die barhäuptigen Männer hatten auf einem versunkenen Backsteinpflaster Aufstellung genommen; meine Füße waren viel höher als ihre Köpfe. Jeder war anders, alle in Habachtstellung, die Augen geradeaus. Einige schauten finster, andere bitter. Lebendige Menschen, Soldaten aus verschiedenen Gegenden Chinas, hatten einst für die Skulpturen Modell gestanden. Die Kopfformen waren unterschiedlich. Hinter ihnen waren weitere komplette Fundstücke aufgebaut: sechs Streitwagen umgeben von Fußsoldaten und Reitern in voller Kriegsmontur.

Am hinteren Ende des selben Gangs lagen große Haufen zerbrochener Rümpfe und Gliedmaßen. Ein abgetrennter Arm hielt ein Bronzeschwert. Ein muskulöser Unterschenkel stieß sich mit dem Fuß vom umgekehrten Kopf eines andern Soldaten ab. Es sah aus, als hätte ein mächtiger Feind diese Männer in voller Aktion zerschmissen. Jeder wirre Haufen glich einem Massengrab von lebendig begrabenen Menschen, die sich in dem Versuch, einer über den andern ins Freie zu robben, in Stücke gerissen hatten und erstickt waren.

Ich ging oben an einem Graben entlang, und der Boden unter meinen Füßen schien mir wie die Kuppe eines planlos errichteten Erdwalls. Was machten wir, was machte unsere Generation so hoch oben? Ein Stück entfernt hatte man eine Probegrabung gemacht. Ich trat vorsichtig an den Rand des klaffenden Lochs. Unten im feuchten Schutt schwamm ein Mann mit dem gepanzerten Rücken nach oben, als wäre er ertrunken. Es war niemand in der Nähe. Am ganzen Ausgrabungsplatz war nirgends jemand an der Arbeit. Tief unten in einem anderen Graben zog ein Viergespann einen Streitwagen samt Rädern. Es war von hochgewachsenen Ehrengardisten flankiert. Eines der Pferde warf den Kopf in die Höhe, und ich erspähte in einer erhobenen Nüster rote Farbe.

Wenigstens eines zeichnet unsere Generation vor allen andern aus: Nur zu unseren Lebzeiten können Menschen mit eigenen Augen sehen, wie das Heer des ersten Kaisers von China – die siebentausend oder zehntausend Soldaten, ihre echten Armbrüste und Schwerter, ihre Rosse und Streitwagen – aus seinem unterirdischen Schlaf geholt wird. Das Frappierende daran ist, wie die offenen Gruben unter dem freien Himmel klaffen, inmitten von Feldern, und wie sich die Leiber aus der Erde wühlen. Der Anblick eines gesäuberten Tonsoldaten, der aufrecht in einem Schaukasten im Museum steht, ist nicht weiter bemerkenswert, und das ist alles, was künftige Generationen zu sehen bekommen werden. Niemand wird die Männer ausstellen, die irreparabel zerbrochen sind; niemand wird ihre isolierten Körperteile ausstellen; niemand wird zeigen, wie sie aus den Wänden kriechen. Künftigen Generationen wird der entscheidende Blick auf uns selbst als gestampften Lehm nicht mehr vergönnt sein.

Wir allein können zusehen, wie Arbeiter von menschlichen Körpern die Erde abbürsten und die starren Gesichter waschen, die Fingernägel reinigen. Wir können dabei sein, wenn lebendige Arbeiter diese Körper aus dem Erdreich graben und zum erstenmal seit zweitausendzweihundert Jahren ans Tageslicht holen. Wir können ein halb freigelegtes Pferd sehen, dessen Unterkiefer sich in den Boden schiebt, als wäre der Planet ein Futtersack. Wir können mit den Mitgliedern der Kommune reden, die hier 1973 – in Handarbeit – einen Brunnen ausheben wollten, als die Schaufeln in diesem weichen, steinlosen Boden gegen etwas Hartes klirrten. Die Brunnengräber kratzten die Erde fort und blickten unten im Brunnenschacht in ein regloses menschliches Gesicht. Mittlerweile ist das Gebiet, in dem gegraben wird, größer als die meisten amerikanischen Counties.

Die durchschnittliche Größe eines tönernen Fußsoldaten beträgt gute einsfünfundsiebzig, während die durchschnittliche Größe eines Ehrengardisten einsachtundachtzig beträgt. Ein Feldherr ist einsdreiundneunzig groß. In einer Übersetzung der Worte des Buddha wird der Mensch als klafterhoch bezeichnet: »Wahrlich, ich sage euch, in diesem klafterhohen Körper … liegt die Welt und der Aufgang der Welt und das Ende der Welt beschlossen.«

»Auf den Bildern der alten Meister«, schrieb Max Picard in *Die Welt des Schweigens*, »steht ein Mensch so da, als sei er eben aus der Öffnung in einer Wand herausgekommen, als habe er sich mit Mühe aus ihr herausgedreht. Solch ein Mensch ist ungeborgen, viel zu sehr nach außen scheint er sich bewegt zu haben, scheu ist er, weil er zu weit vorne ist, und mehr gehört er dem Schweigen an als sich selbst.«

In New York City lebt derzeit mit kirchlicher Billigung eine Einsiedlerin namens Theresa Mancuso, die vor einiger Zeit schrieb: »Es ist dringend nötig, daß wir der Wirklichkeit begegnen, wie sie ist.«

Tritt der Mensch als Säugling in die Welt ein, heißt es in einem Midrasch, so »mit geschlossenen Händen, als wollte er andeuten: Die ganze Welt ist mein, ich nehme sie in Besitz. Scheidet er dagegen von der Welt, so sind seine Hände geöffnet, als wollte er sagen: Ich habe von der Welt nichts geerbt.«

Konfuzius weinte. Als ihm aufging, daß er bald sterben würde, weinte Konfuzius.

Wolken Wir Menschen besitzen Zeugnisse von einzelnen Wolken und ihren Erscheinungstagen.

1824 reiste John Constable mit seiner geliebten, tuberkulosekranken Frau Maria nach Brighton ans Meer. Sie hofften, daß die Seeluft sie gesund machen würde. Am 12. Juni skizzierte er in Öl böige Sturmwolken über dem Strand von Brighton. Die grauen Wolken drückten bei schwindendem Licht auf das Wasser nieder.

Als Maria Constable 1828 in Putney im Sterben lag, fuhr John Constable nach Brighton, um einige ihrer Kinder zu holen. Am 22. Mai malte er eine schräge bläuliche Wolke, die hoch und verwaschen über eine blasse Sonne zog. Darunter dehnten sich zwei dünne rote Wolken. Unter die Wolken malte er verstreute Menschen als Sprenkel und Tupfer an einer weiten, offenen Küste.

Maria Constable starb im November des selben Jahres. Die datierten Wolken haben wir immer noch.

Im Mahabharata heißt es: »Welches von allen Wundern der Welt ist wohl das wunderbarste?«

»Dies, daß so viel ein Mensch auch andere um sich herum sterben sieht, er doch nicht daran glaubt, selber sterben zu müssen.«

Zahlen Die folgenden drei Arten, sich zur Unzähligkeit der Menschen zu verhalten, bringen mich zum Lachen. Der Serienmörder Ted Bundy konnte nach seiner Verhaftung nicht verstehen, warum alle so ein Theater machten. Worüber regten sie sich eigentlich auf? In *Among the Lowest of the Dead* zitiert David von Drehle den gereizten Bundy mit den Worten: »Meine Güte, Menschen gibt es doch so viele.«

Ein gewisser R. Houwink aus Amsterdam entdeckte diese beklemmende Tatsache: Die menschliche Bevölkerung der Erde wäre, dicht an dicht gestellt, gerade so im Windermere-See im nordenglischen Lake District unterzubringen.

Kürzlich stellte ein Mann im Amazonasgebiet von Peru dem Schriftsteller Alex Shoumatoff die Frage: »Stimmt es, daß sich die gesamte Bevölkerung der USA in ihren Autos unterbringen läßt?«

Israel In Obergaliläa liegt das Bergstädtchen Safed (Zefat). Im 16. Jahrhundert lebten dort Thoragelehrte, Dichter, mystische Philosophen, Morallehrer und Heilige. Die herausragende Gestalt war Rabbi Isaak Luria, dessen Lehren über Gott und die menschliche Seele das jüdische Denken für alle Zeit veränderten. Lurias Anschauungen prägten den ukrainischen Bauern des 18. Jahrhunderts, den man den Baal-schem-tov nannte, den Begründer des neuzeitlichen Chassidismus. Seit fünfundzwanzig Jahren lese ich diese beiden, mit wachsender Bewunderung: den düsteren Luria, weil er den lebensvollen Baal-schem-tov beeinflußte, und den Baal-schem-tov, weil er und seine Nachfolger Gott kannten und auch sonst nicht auf den Kopf gefallen waren.

Jetzt war ich hier in Safed, wo Luria gelebt hatte: heute im Sommer eine Art Künstlerkolonie, in der moderne Sabres neben orthodoxen Juden und Chassidim mit schwarzen Hüten durch die kühlen kopfsteingepflasterten Gassen spazieren. In dem Höhenzug neben mir erblickte ich den Berg Meron. Dort soll der Legende nach das klassische kabbalistische Buch Sohar (»Buch des Glanzes«) beziehungsweise sein Inhalt auf einen in einer Höhle lebenden heiligen Mann »herabgekommen« sein.

Rabbi Luria und die Safeder Weisen waren die großen Kabbalisten, die »Gemeinde der Heiligen«. Sie fasteten häufig; sie beteten tagsüber dreimal in der Synagoge, und um ein Uhr in der Nacht beteten sie wieder. Sie gaben den Armen zwei Zehntel ihres Einkommens, obwohl die meisten selber arme Männer waren – Bauern, Weber und Schneider –, die die

Thora studierten und gleichzeitig ihre vielköpfigen Familien ernährten. Gemeinsam bauten sie die kabbalistische Richtung des jüdischen Glaubens zu einer tiefgründigen Theologie aus, die das schrittweise Hervorgehen der materiellen Welt aus einem rein geistigen Gott erklärte.

Wenn der Vorabend des Sabbat nahte, kleideten sich Luria und die andern in weiße Festgewänder und gingen aufs offene Feld hinaus, um die Braut Sabbat zu begrüßen und willkommen zu heißen. Von einer hohen Lichtung aus beobachteten sie, wie die Sonne unterging, dann sangen sie das »Lecha dodi«: »Komm, o Braut, komm, o Braut, o Sabbatkönigin«. Sie sahen die Braut Sabbat, deren Licht die Woche heiligt, als verwandt mit der Schechina an, der weinend umherirrenden Frau, in der die einwohnende Gegenwart Gottes erscheint und die hier in der Welt so lange in leidvoller Verbannung lebt, bis die Welt durch die Erlösung zu Gott heimgeführt wird.

Ihre Legenden haben einen mattgoldenen, altertümlichen Glanz. Rabbi Isaak Luria, meinte sein Schüler, habe die Sprache der Vögel verstanden. Vogelstimmen bergen tiefe Geheimnisse der Thora.

Als Rabbi Isaak Luria einmal auf den Feldern Safeds in der Thora las, erblickte er, so berichtete er seinem Schüler, auf einem Baum einen Haufen Seelen. Wie ihm auffiel, waren alle Bäume »voller Seelen ohne Zahl. Genauso war es mit dem Feld.« Gott hatte sie verstoßen, weil sie nicht Buße getan hatten. Sie hatten vernommen, daß er, Isaak Luria, die Kraft habe, »verbannte Seelen heimzuführen«. »Mehrere

Seelen bekleideten sich mit seinem Gebet«, heißt es daher, um es vor Gottes Thron zu begleiten. Seelen können einander helfen; mit vereinten Kräften und mit ihrem Rabbi können sie sich zu Gott durchschlagen.

Daß ich, die ich keinen Anspruch darauf hatte, ungehindert die Synagoge aus dem 16. Jahrhundert betreten durfte, in welcher die Meister gebetet hatten, erstaunte mich. Hier, in dem Gebäude vor mir, hatte Isaak Luria das Abendgebet gesprochen, das Achtzehngebet. Achtzehn ist der Zahlwert von hebräisch »Leben«, und diese Zahl weist auf die achtzehn Wirbel hin, die wir beim Beten beugen.

Ich blickte auf die Synagoge, da fiel mir ein großer rotgelber Schwärmer ins Auge. Ich behielt ihn im Blick und folgte ihm über die Straße auf den Natursteinhof der Synagoge, eine Terrasse über dem steilen Berghang. Der rotgelbe Schwärmer flitzte im üblichen Schwirrflug umher und saugte Blüten aus – eben weiße Malven, jetzt roten Oleander. Ich begleitete den Schwärmer über den ganzen Hof und ließ ihn nicht aus den Augen. Er schnellte an der blauen Blume ein und aus, die den Namen »Makkabäerblut« trägt, ein und aus am gelben Jasmin, von dem die Israelis behaupten: »Zwei Jasmine können einen Mann zum Wahnsinn treiben.«

Dann trat ich rückwärts auf etwas Dickes, Weiches und drehte mich danach um. Es war eine Schlange ohne Kopf. Es war keine kleine Viper, sondern ein kräftiges und dunkles Ding, gesprenkelt, ähnlich der Kornnatter oder der Wasserkobra bei uns.

Da es im Talmud einen Segensspruch zu allem andern gibt – beim ersten Anblick blühender Fruchtbäume im Frühling, beim Anblick eines nach einem Jahr wiedergesehenen Freundes, beim Geruch von Balsamöl –, müßte es eigentlich auch einen Segen geben, den man sagt, wenn man eine geköpfte Schlange sieht oder darauf tritt. Wenn man zum erstenmal im Leben ein bestimmtes Tier sieht, dankt man Gott, denn: »Alles entsteht durch sein Wort«. Natürlich preist man Gott auch für die Speisen, die er gibt. Ein großzügiger Talmudist meinte, ein Mann könne sich seiner Pflicht, die verschiedenen Speisen einzeln zu segnen, dadurch entledigen, daß er eine Allzwecksformel spricht, und anschließend den Gottesnamen nennt: »Wie schön ist dieses Brot (oder diese Feige etcetera). Gepriesen sei Gott, der es erschaffen hat!«

Der Körper der Schlange erstreckte sich in Windungen über drei breite Steinplatten. Er zuckte nicht mehr, stank aber noch nicht. Erst eine einzige Fliege hatte das rote Fleisch entdeckt. Die Schnittstelle am Hals war glatt; eine Klinge hatte ihn durchtrennt. Ich konnte nicht nur den Kopf der Schlange nicht finden, sondern verlor auch den Schwärmer aus den Augen, der, glaube ich, über die Mauer flog, den Abhang hinunter zum See Genezareth.

Ezechiel 3,1: Iß diese Rolle.

Begegnungen Wir begegnen Menschen, häufig nur flüchtig. Bei meiner Abreise nach Israel hatte ich am Flughafen eine Begegnung mit einem Gepäckträger. Er war ein kräftiger Mann von über sechzig mit einem lädierten Gesicht. Er mimte Elvis. Wir standen zu zweit am Kantstein, allein auf weiter Flur; ich rauchte eine Zigarette. Er sah mich aus zusammengekniffenen, verquollenen Augen von der Seite an und sang mit Elvisstimme:

Love me tender, love me sweet,
Never let me go.
You have made my life complete,
And I love you so.

Dann nuschelte er: »Danke sehr, vielen Dank – ist nur'n Jux.«

Plötzlich legte er wieder los: »Hier ist Howard Cosell, ich begrüße Sie zu *The Wide World of Sports*. Ist nur'n Jux.«

Er erzählte mir, daß er früher Boxer gewesen war. Sein verschandeltes Gesicht, Nase, Ohren, Brauen- und Backenknochen, bestätigten dies. Er sei unter den hundert Besten gewesen, gab er an, sein Bruder, ein Weltergewichtler, auf Platz neun.

»Meine Frau meint, ich hab 'nen Hirnschaden«, sagte er und prüfte mit einem Seitenblick, ob ich es mitgekriegt hatte.

»Ist nur'n Jux«, sagte er. »Danke sehr, vielen Dank.«

Denker Im Jahre 135 n. u. Z. töteten die Römer Rabbi Akiva, weil er die Thora lehrte. Sie töteten ihn, indem sie ihm mit Striegeln die Haut abzogen und das Fleisch von den Knochen schabten. Er war fünfundachtzig Jahre alt. Ein Striegel ist ein eiserner Kratzer, mit dessen stumpfen Zähnen man Pferden Schmutz und Kletten aus dem Fell bürstet. Wer jemandem damit die Haut und das Fleisch abziehen will – eine ungewöhnliche Foltermethode –, muß ordentlich zudrücken. Vielleicht sind Haut und Muskeln eines alten Gelehrten vergleichsweise schlaff.

Die Welt werde »nach der Mehrzahl der Taten« gerichtet, hatte Rabbi Akiva gelehrt. Das Gewicht der guten Taten drücke die Waagschale nach unten. Auch Paul Tillich war dieser Meinung. Wenn der Mann, der Rabbi Akiva mit einem Striegel das Fleisch von den Knochen schabte, mit einem Gewicht von, sagen wir, zwanzig Kilo pro Quadratzentimeter drückte, wieviel Kilo gute Taten bräuchte es dann, um die Waage zum Guten ausschlagen zu lassen?

»Führen wir bloß Selbstgespräche in einem leeren Kosmos?« fragte ein Schriftsteller des 20. Jahrhunderts. »Die Stille ist oft so unüberhörbar. Und wir haben schon so viel gebetet.«

(Da dieses Buch Denker ihrer Einsichten und nicht ihrer Ansichten wegen ehrt, sollte ich vielleicht an dieser Stelle einräumen, daß es sowohl zwischen als auch innerhalb von Judentum und Christentum unversöhnliche Unterschiede der Lehrmeinungen gibt, wie in anderen großen Religionen gleichermaßen. Dazu Rabbi Pinchas: Die Hauptgefahr für den Menschen ist die Religion.)

Akiva ben Joseph wurde 50 n. u. Z. im judäischen Flachland geboren. Er war Analphabet und verachtete das Bücherwissen; er hütete Schafe. Da verliebte er sich in die Tochter eines reichen Mannes. Sie wollte ihn nur unter der Bedingung heiraten, daß er sein Leben dem Studium der Thora weihte. Er gelobte es. Er lernte zusammen mit ihrem gemeinsamen Sohn lesen.

Rabbi Akiva ordnete, kodifizierte, erläuterte, analysierte und erweiterte die traditionellen religiösen Gesetze und Gebräuche in seiner bienenfleißigen Arbeit an Mischna und Midrasch. Dank Akiva wurden Mischna und Midrasch als heilige Schriften Bestandteile des jüdischen Kanons. Seine Auslegungen grenzten das Judentum von christlichen wie von griechischen Einflüssen ab.

Seine Zeitgenossen priesen ihn wegen seiner unermüdlichen Erklärung jeder heiligen Einzelheit in der Thora. Sie liebten ihn wegen seines Optimismus, seiner Bescheidenheit, seines Universalismus (er sprach sich für Toleranz gegen Samariter und Mischehen mit ihnen aus) und seiner Hingabe an Erez Israel, das Land Israel. Er lehrte, der Satz »Du sollst deinen Nächsten lieben wie dich selbst« sei der Kerngedanke der Thora.

Übel Der römische Kaiser Hadrian hatte Rabbi Akiva zur Hinrichtung durch seinen Statthalter Rufus verurteilt. Rufus war in der Gefängniszelle zugegen, als die eisernen Striegel dem Mann Haut und Muskeln von den Knochen fetzten. Einige der Schüler Rabbi Akivas waren ebenfalls dabei, wahrscheinlich auf der Straße, wo sie durchs Zellenfenster zusahen und lauschten.

Rabbi Akiva hatte seine Schüler gelehrt: »Alles, was der Allbarmherzige tut, tut er zum Guten.« Während seiner erfinderischen Hinrichtung sprach Akiva das Gebet »Schema Israel«, denn es war die Tageszeit, zu der man das »Schema« sprach. Da machten ihm seine Schüler Vorhaltungen und sagten: »Unser Meister! Bis hierher?«

Entgeistert darüber, daß der verlöschende Rabbi immer noch betete, fragte Rufus ihn gesprächsweise, ob er ein Zauberer sei. Rabbi Akiva entgegnete, er sei gerne bereit, für Gott zu sterben. Er erklärte, er habe den Herrn bisher mit ganzem Herzen und ganzer Kraft verehrt, und jetzt könne er auch hinzufügen: »mit ganzer Seele«.

Nach Rabbi Akivas Tod trat Elia selbst in das römische Gefängnis in Caesarea ein, wo das blutige Gerippe lag, hob es auf und trug es, begleitet von vielen Engeln, aus der Stadt hinaus. Dort bestattete Elia die sterblichen Überreste in einer geräumigen Höhle, die sich sogleich von selbst schloß und niemals gefunden wurde.

Als Rabbi Akiva starb, schaute Mose vom Himmel aus zu. Mose sah die Folter und das Martyrium und klagte es Gott. Warum Gott es geschehen lasse, daß die Römer einen fünfundachtzigjährigen Thoragelehrten zu Tode striegelten. Moses Frage – die harte Nuß der göttlichen Duldung menschlicher Missetaten – ist nur dann sinnvoll, wenn wir glauben, daß ein guter Gott alles, was geschieht, verursacht oder jedenfalls zuläßt und daß dies letztlich nur zum Besten ist. (Dies ist die Anschauung, die Voltaire und viele andere Denker vor und nach ihm in Frage stellten, beziehungsweise, in Voltaires Fall, verhöhnten.)

Gott erwiderte Mose: »*Schtok!* Schweig! *Kach alah bemachschava lefanai.* So erstand's im Plan vor mir.« In einer anderen Übersetzung der Geschichte spricht Gott zu Mose: »Schweig! So ist es mir eben in den Sinn gekommen.«

Rabbi Akiva lehrte eine denkwürdige Lösung für das von jeher als skandalös empfundene Problem, daß viele gute Menschen und ihre Kinder jede Menge Leid erdulden, während andererseits viele Halunken und ihre Kinder gesund und munter in Saus und Braus leben. Gott, so seine These, strafe die Guten in diesem kurzen Leben für ihre wenigen Sünden und belohne sie ewig in der künftigen Welt. Entsprechend belohne Gott die Übeltäter in diesem kurzen Leben für ihre wenigen guten Taten und strafe sie ewig in der künftigen Welt. Ich weiß nicht, wie das bei den Leuten ankam. Es ist, wie jede geistreiche, gottesfürchtige Erklärung für Leid und Übel, in jeder Hinsicht hammerhart.

Jetzt Ist es nicht schon spät? Leben wir nicht in einer Spätzeit? Hängt von unseren Generationen nicht alles ab? Denn wir haben die Welt verändert. Sind unsere sich zuspitzenden Zeiten nicht die allentscheidenden? Denn wir haben Atombomben. Sind wir nicht besonders bedeutend, weil unser Jahrhundert so bedeutend ist? – unser Jahrhundert mit seinem einzigartigen Holocaust, seinen Flüchtlingsströmen, seinen fortgesetzten totalitären Massenvernichtungen; unser Jahrhundert mit seinen Antibiotika, Siliziumchips, Menschen auf dem Mond und manipulierten Genen? Nein und nochmals nein. Unsere Zeiten sind ganz gewöhnliche Zeiten, ein Ausschnitt des Lebens wie jeder andere auch. Wer will das schon hören, wer mag das gelten lassen? Und was für ein Trost wäre es, daß unsere Generation tatsächlich die letzte sein könnte. Was sind wir ohne die Bedrohung durch die Bombe? Ganz gewöhnliche Perlen an einer endlosen Schnur. Und unsere Zeit ist schlicht der x-te Dreh in einem unausdenkbaren Zwirn.

Wir haben keine Chance, dabei zu sein, wenn die Sonne erlischt. Aber irgend etwas muß unsere Zeit doch auszeichnen, irgend etwas muß sie über alle anderen Zeiten hinausheben. Seuchen? Verrücktes Wetter? Es geschehen in der Tat schaurige Dinge. Wir erleben ein massenhaftes Aussterben von Tieren: Dem Oxforder Professor Robert M. May zufolge wird der größte Teil der uns bekannten Vögel und Säugetiere in vierhundert Jahren verschwunden sein. Aber ein solches Massensterben hat es bereits fünfmal gegeben, jeweils im Abstand von einigen zig Millionen Jahren. Außerdem haben die Menschen große

Fortschritte in der Vernichtung anderer Menschen gemacht, aber danach trachtet die Menschheit seit eh und je, und unsere Zeitgenossen haben lediglich die Methoden vermehrt, wie die Menschen in allen Jahrhunderten. Warum sehen wir Nachrichten, lesen wir Zeitung, halten wir uns auf dem laufenden? Doch nur um unsere Einbildung zu untermauern – wahrscheinlich eine notwendige Lüge –, wir lebten in einer Zeit entscheidender Umbrüche, an vorderster Front. Das Neueste vom Tage, und wir wissen Bescheid: Verrückte, haufenweise. Neue Krankheiten, Machtverschiebungen, Überschwemmungen! Können die Nachrichten im alten Ägypten anders gelautet haben?

Vor hundert Jahren sahen die Amerikaner ihre Zeit im Fortschrittstaumel untergehen, und sie meinten, das Ganze könne nicht mehr lange so weiterlaufen. Sie hatten das Kommen der Elektrizität und das Verschwinden der Büffel erlebt. Sie hatten den Kontinent von einer Küste zur andern besiedelt, Telegrafenkabel durch den Ozean verlegt und Eisenbahnstrecken gebaut, welche die Reise quer durchs Land von fünf Monaten auf fünf Tage verkürzten. Die Vereinigten Staaten hatten Großbritannien in der Herstellung von Stahl überholt. Wenn das keine apokalyptischen Zeiten waren. Die verknappte Zeit und die geschrumpften Entfernungen rasten vor ihren Augen auf einen Fluchtpunkt zu. Ihren eigenen Berichten ist zu entnehmen, daß sie das Bild, das sie boten, kaum ertragen konnten. Aus heutiger Sicht wirken sie harmlos; sie sangen »A Bicycle Built for Two« und ließen die Übel und das Leid ihrer Zeit über sich ergehen. Da uns diese Übel nicht mehr unmittelbar bedrohen – weder Sklaverei noch Bürgerkrieg noch bakterielle Infektionen –, erscheinen sie uns natürlich längst nicht so beängstigend wie die Übel unserer eigenen Zeit.

Je näher wir dem Tod kommen, desto genauer verfolgen wir die Nachrichten. Jahr für Jahr, ohne jemals die vergeudeten Stunden der letzten Woche oder des letzten Jahres zu zählen, lese ich die Tageszeitung. Ich kaufe ihr die massentherapeutische Lüge ab, daß dies ein herausragendes Jahr sei. Oder muß es, der Herr verschone uns vor Spinnern, Aromatherapie sein? Ich sehe den Haken und beiße trotzdem an.

Es ist der Lärm des Lebens – der Lärm der Nachrichten –, der uns ständig vorquakt, wie klein die Welt doch sei, um uns einzulullen und das Schweigen auf unserem ins Dunkel entschwindenden Traumschiff zu übertönen.

Das Licht des Fernsehers flackert blau an der Höhlenwand. Was sieht der Höhlenbewohner, wenn er ins Freie kriecht? Nicht die helle Sonne, sondern die Nacht mit ihren zweitausend sichtbaren Sternen. Ich habe mich einmal mit ihm zu unterhalten versucht, mit diesem Höhlenmenschen, der aus seinem blaubeleuchteten Loch in die wirkliche Welt hinauskroch. Er hatte sich auch mal mit Gott befaßt. Er mußte schreien, damit ich ihn hören konnte: »Wie hältst du den Wind hier draußen aus?«

Tu ich gar nicht. Jedenfalls nicht lange. Ich mache bei einem Elternfahrdienst für Schulkinder mit. Ich rief zurück: »Tu ich gar nicht! Ich lese jeden Monat die Verbraucherzeitschrift!« Ich glaube kaum, daß er mich hörte. Der Wind blies ihm ins Gesicht. Er wandte sich ab. Ich weiß nicht, wie lange er draußen blieb. Mir reicht jedesmal eine kurze Zeit – eine kurze Zeit jeden Tag.

Zweites Kapitel

Geburt In dem Buch *Memoirs of a Cape Breton Doctor* wird neben vielen anderen dramatischen Ereignissen die Entbindung eines quer liegenden Kindes geschildert. »Ich kümmerte mich um das Kind ... Ich glaube, am meisten Sorge machte mir die Tatsache, daß ich es so lange künstlich beatmen mußte. Ich habe nicht darauf geachtet, wie lange die Mund-zu-Mund-Beatmung dauerte, aber ich weiß noch, daß ich die letzten paar Minuten dachte, es sei zwecklos. Doch ich machte weiter und wurde zu guter Letzt belohnt, als Anna MacRae aus Middle River in Victoria County zum Leben erwachte.« Sie erwachte zum Leben. Erst war sie ein blaues, babyförmiges Zellbündel in Dr. C. Lamont MacMillans Händen und dann ein Mensch mit einem Namen und einem Geburtstag, wie wir alle. Als Erbgut bekam sie, wie wir alle, genau eine von 8,4 Millionen möglichen Kombinationen der Gene ihrer Mutter und ihres Vaters mit. Anna MacRae kam am 1. Dezember 1931 zur Welt. Wie viele hundert Jahre müßtest du alt werden, um das Staunen über dieses und tausend ähnliche tagtägliche Ereignisse zu verlernen?

Wir befinden uns in einem städtischen Krankenhaus an einem Montagmorgen. Dies ist die Entbindungsstation. Die Ärzte, Schwestern und Pfleger tragen rote, blaue oder grüne Kittel und weiße Turnschuhe. Die Schildchen an ihren Brusttaschen weisen sie als Geburtshelfer, Gynäkologin, Kinderarzt, Lernschwester und Kinderschwester aus. Sie konsultieren einander im Vorübergehen. Sie haben Klemmbretter in der Hand und eilen Flure entlang. Sie drücken Knöpfe mit Zahlen an Wandtafeln, und Türen öffnen sich.

Es könnte gut einen gestrengen Engel geben, der diese Station bewacht, oder einen Drachen oder eine hoch aufschäumende Meeresströmung, die Schiffe an Felsen zerschmettert. Es könnte gut einen alten Steinhügel auf dem Flur bei den Fahrstühlen geben oder einen Brunnen oder eine verfallene Gebetsmauer, wo die Leute noch Glocken hören. Sollten wir nicht die Schuhe ausziehen, Elixiere trinken, Tauchbäder nehmen? Denn dies hier ist gewiß der wildeste Tiefseeschlot auf Erden: Wir sind an dem Ort, wo die Menschen auf die Welt kommen.

Hier auf der Entbindungsstation gibt es ein kleines Zimmer mit einer Doppelspüle, einem Chromwasserhahn und zwei Waschbecken mit Abfluß, wie in einer gewöhnlichen Einbauküche. Links und rechts je eine lange Wickelfläche. Darüber hängt eine lange Wärmelampe, die beide Flächen und das Waschbekken beleuchtet und beheizt.

Hier werden die Neugeborenen gewaschen wie Geschirr. Eine Schwester, mal die eine, mal die andere, verbringt den größten Teil ihrer Achtstundenschicht an diesem Waschbecken.

Andere Schwestern bringen die Neugeborenen herein, eins nach dem andern, und legen sie auf die Wickelfläche links vom Waschbecken. Die Neugeborenen sind in Flanelltücher gehüllt. Teetassengroße Strickmützchen verrutschen ständig auf den nassen Köpfchen. Die Gesichter haben alle Farben von Violett über Rot zu Rosa und Beige.

Schwester Pat Eisberg trägt ihre lockigen blonden Haare hinten kurz; als sie sich nach dem nächsten Bündel zur Linken umdreht, beugt sich ihr schlanker Hals aus einem kragenlosen blauen Kittel. Das Gesicht des Neugeborenen ist rot.

»Jetzt du«, sagt sie mit freundlicher Stimme und ernster Miene zu ihm. Sie zieht es zu sich heran, nimmt ihm das Mützchen ab, wickelt es aus und läßt das Flanelltuch unter ihm liegen. Dieses Kind ist am ganzen Leib rot. Sein Kaulquappenbauch ist rot; sein pflaumengroßer Hodensack ist so hochrot, daß man meint, er werde gleich explodieren. Sein Kopf sieht aus wie eine Narrenkappe; er ist ein Spitzkopf. In den Armen der Schwester blickt er aufmerksam umher. Die helle Wärmelampe scheint seine Augen nicht zu irritieren, ebensowenig wie die Silbernitrattropfen gegen Tripper. Sein zwei Finger breites Namensarmband aus Plastik bedeckt seinen Unterarm zu gut einem Drittel. Irgendwer hat ihm seine blaue Nabelschnur – das noch verbliebene fünf Zentimeter lange Stück – nach oben an den Bauch geklebt. Das Ende ist mit einer schwarzen Klammer abgeklemmt, so daß die Schnur aussieht wie ein Starthilfekabel.

Die Schwester wäscht diesen kleinen Jungen; sie taucht einen dünnen Waschlappen immer wieder in warmes Wasser. Sie reinigt Kopf und Gesicht und achtet sorgsam darauf, daß sie in jede Windung seiner Ohrmuscheln kommt. Sie wischt die hellen Käseschmierestreifen aus den Falten an seiner Leiste und unter seinen Achseln. Sie nimmt ein schlaffes Ärmchen und ein schlaffes Beinchen und dreht ihn auf den Bauch; dann wäscht sie seinen Rücken und zuletzt den After. Sie hat jeden Zentimeter seiner roten Haut gewaschen und abgespült. Die Wärmelampe hat ihn gleich wieder getrocknet. Im Koran heißt es, Allah habe den Menschen aus geronnenem Blut erschaffen. Das rote Baby ist ein Blutklumpen, den Allah naß gemacht und in den er geblasen hat. So wie ein Clown ein paar dünne Ballons aufpustet und daraus flugs ein Häschen, einen Hund, eine Giraffe dreht.

Schwester Pat Eisberg läßt das Wasser ablaufen. Sie wirft das alte Tuch und das Mützchen in einen Wäschepuff, nimmt sich ein neues Flanelltuch und ein neues Mützchen von dem Stapel zu ihrer Rechten und legt den roten Säugling auf die rechte Fläche. Sie wickelt ihn. Sie hüllt ihn in das Tuch: sie faltet die rechte Ecke des Tuchs über ihn und rollt ihn zur Seite, um es festzuklemmen; sie legt ihm die untere Ecke des Tuchs auf die Brust; sie wickelt das linke Ende rundherum, und da er auf dem Rücken liegt, wird es durch sein Gewicht gehalten. Jetzt ist er ein sauberes, handliches Paket von der Größe einer Thermosflasche. Die Schwester setzt ihm eine Mütze auf den spitzen Kopf und schiebt das Paket ans Ende der Reihe zu den anderen eben gewaschenen Babys.

Das rote Neugeborene schaut auf und betrachtet seine Umgebung, wach, augenscheinlich zufrieden und außergewöhnlich ruhig, wie verzaubert.

»Wir bewegen uns zwischen zwei Finsternissen«, schrieb E.M. Forster. »Die zwei Wesen, die uns Licht bringen könnten, der Säugling und der Leichnam, sind nicht dazu imstande.«

Wie ich Leonardo da Vincis früheste Kindheitserinnerung liebe! »Mir war immer so, als sei zu der Zeit, da ich noch in der Wiege lag, ein Weih zu mir gekommen und habe mir den Mund mit seinem Schwanz geöffnet und mich dann mehrere Male mit dem Schwanz auf die Lippen geschlagen.« Der Weih, womit hier der Rotmilan gemeint sein dürfte, ist sechzig Zentimeter lang und hat einen tief gegabelten Schwanz. Er segelt wie eine Schwalbe und stößt dann wie ein Falke hinab, um Reptilien zu erbeuten; er frißt auch Aas.

Alle paar Minuten kommt eine andere Schwester herein und holt den Säugling ab, der ganz vorn in der Reihe liegt. Die Schwester liefert das Paket wieder bei seiner Mutter ab. Als der rote kleine Junge dran ist, gehe ich mit.

Die Mutter sitzt kissengestützt in einem sauberen Krankenhausbett. Sie wirkt ein wenig matt. Als ich vor ein paar Stunden auf der Station war, hörte ich sie leise jammern, *aaah!* – bis die Schwester die Tür schloß. Jetzt ist die Mutter weiß wie das Laken, Anfang dreißig, verquollen, hübsch und vollkommen erschöpft. Sie nimmt die Komplimente für das

Kind mit einem liebenswürdigen Lächeln entgegen, das sie soviel Mühe kostet, daß es ratsam scheint, sie nicht weiter anzusprechen. Sie sieht aus wie Road Runner, nachdem er von einer Dampfwalze überrollt wurde.

Der spillerige Vater schneidet seinem Sohn Grimassen. Er sieht in einem fort auf die Uhr. »Du bist jetzt dreißig Minuten alt«, erklärt er ihm. Die Schwester hat den Kleinen auf den Rücken in ein Rollbettchen gelegt. Amerikaner legen Säuglinge derzeit auf den Rücken – niemals auf den Bauch, damit sie nicht im Schlaf ersticken. Vor zehn Jahren legten Amerikaner Säuglinge auf den Bauch – niemals auf den Rükken, damit sie nicht im Schlaf erstickten.

Wir sind zu sechst im Raum – die Eltern, das Baby, zwei Schwestern und ich. Vier von uns sind um das Baby versammelt. Die Mutter liegt abseits und stiert vor sich hin; ihre Augen sind geöffnet und ohne jede Regung. Winterlicht flutet durch ein großes Fenster neben ihrem Bett. Alle andern stehen in der Nähe der Tür und reden über das Kind.

Eine Schwester wickelt den Kleinen aus. Das gefällt ihm nicht; er mag nicht ausgewickelt werden. Er ist immer noch rot. Seine winzigen Fingernägel sind rot, als hätte jemand Nagellack draufgetupft. Seine Fußnägel sind rot. Die Schwester zeigt dem Vater, wie man ihn in das Tuch hüllt.

»Du bist jetzt vierzig Minuten alt«, sagt der Vater, »und hast schon was zu jammern?«

»*Äääh*«, sagt das Baby.

»Von mir aus muß ich das nicht nochmal durchmachen, nie wieder«, sagt die Mutter in die Luft.

Und fügt unvermittelt hinzu, daß es eine leichte Geburt war, nur zwölf Stunden Wehen.

»... und dann wickeln Sie die letzte Ecke noch fest um das Ganze herum«, sagt die Schwester. Kaum hat sie den Kleinen in die richtige Thermosflaschenform gebracht, klappt er den Mund zu, schlägt die Augen auf und schaut um sich wie ein Seher. Er sieht uns in die Gesichter. Als er uns nacheinander in die Augen schaut, sagen sein Vater und ich unwillkürlich »Hallo«. Bei den Schwestern hat sich dieser Reflex vielleicht abgenutzt.

In Florida schießen täglich vierhundert Millionen Liter klares Wasser aus einem Loch in der Erdkruste in den St. John's River. In der Tiefsee wird Salzwasser aus Öffnungen im Meeresboden gespien, sehr heißes, mineralienhaltiges Wasser. Dort brechen Eisen und Schwefel wie aus Mündern unter der Erdkruste hervor, und Mergel bildet schwarze Schlote. In Safed begann Isaak Luria Gebete mit den Worten: »Herr, tue meine Lippen auf, daß mein Mund dein Lob verkünde.«

Ich statte der Neugeborenen-Intensivstation einen Besuch ab. Eine Schwester hebt einen Säugling aus einem durchsichtigen Brutkasten. Sie setzt sich das kleine Mädchen auf den Schoß und füttert es. Die Kleine muß nur noch dreißig Gramm zunehmen, dann darf sie nach Hause. Ich sehe zu, wie sie ein Fläschchen mit neunzig Gramm Milch leert. Sie hat es im Nu ausgetrunken. »Hast du das Zeug schon mal probiert?« fragt eine Schwester einen Pfleger.

»Ja, grausig, nicht?« sagt er. »Bitter. Ich weiß nicht, was sie da reintun.«

Der Pfleger hat einen Dauergast auf dem Arm, ein im Krankenhaus zurückgelassenes Baby, dessen Mutter gesagt hatte, sie komme wieder. Sozialarbeiter bemühen sich, solche Frauen aufzufinden, die häufig eine falsche Adresse angeben. Dieser Dauergast ist ein Junge, den das Pflegepersonal Billy getauft hat. Billy wohnt seit zwei Wochen hier; seine fünfzehnjährige Mutter hat ihn zu Anfang einmal besucht und sich dann nicht mehr blicken lassen. Anders als viele andere Dauergäste hat Billy keine Anzeichen von Alkoholembryopathie; er ist ein gesunder, unbeschwerter Rotschopf. Die Schwestern und Pfleger schleppen Billy bei jeder passenden Gelegenheit mit herum, und im Moment eilt der Pfleger mit ihm an der Schulter von Zimmer zu Zimmer, holt und bringt Sachen. Billy ist wach und guckt sich über die Schulter hinweg das vorbeisausende Szenarium an. Er hat noch keine Augenbrauen, aber ich kann schon die feinen Furchen erkennen, in denen sie sprießen werden. Er wird bald in eine Pflegefamilie kommen. Ich darf keines der Kinder auf den Arm nehmen.

Draußen vor dem Besucherfenster steht eine ältere schwarze Frau und winkt, während neben ihr eine junge weiße Frau herumhüpft. Sie versuchen, einen Klumpen auf sich aufmerksam zu machen, der aussieht wie eine Folienkartoffel, aber in Wirklichkeit ein in Alufolie gewickeltes Baby ist. Diese Folienkartoffel wiege 1500 Gramm, erklärt mir eine Krankenschwester; sein Körper ist eine kompakte Handvoll.

Die Folie diene dazu, »die Wärme zu halten«. Infusionsschläuche mit Nährlösung, ein Beatmungstubus und zwei EKG-Kabel führen unter die Folie. Sein Zustand ist gut.

Über diesem Baby zeigt ein an Monitoren angeschlossener Bildschirm die gemessenen Werte in Zahlen an. Das Personal liest diese Zahlen einmal in der Minute ab.

Hinter dem Fenster hat die Aktivität nachgelassen: die schwarze, todschick gekleidete Frau auf dem Flur zeigt und staunt nur noch, die herumspringende weiße Frau in Jeans winkt nur noch. Schließlich ist nicht zu übersehen, daß das Kind schläft. Die Schwester greift in den Brutkasten und hebt das Kind – samt Folie, Kabeln und Schläuchen – heraus, um es den Besucherinnen zu zeigen. Sie schiebt das Strickmützchen nach hinten, damit mehr vom Gesicht zu sehen ist. Das Gesicht ist nicht größer als ein Squashball. Beide Besucherinnen neigen den Kopf im gleichen Winkel wie das Baby. Direkt über dem Kopf der Schwester zerren vier Gasballons an den Schleifen, mit denen sie am Bettchen festgebunden sind: »Ein Junge!« steht auf den Ballons. Auf einem Regal mit Spritzen und Thermometern liegt eine Schachtel Alufolie aus dem Supermarkt.

Giacometti sagte: »Je mehr ich arbeite, desto mehr lerne ich, die Dinge anders zu sehen, das heißt, alles gewinnt mit jedem Tag an Grandeur, wird immer unbekannter, immer schöner. Je näher ich komme, desto großartiger wird es, desto ferner wird es.«

Sand September 1923: Sie ritten zurück nach Peking. Die Maultiere transportierten sechzig Holzkisten mit über dreitausend Kilogramm Fossilien und Steinen. Der Paläontologe Teilhard hatte ein Notizbuch dabei, in das er unter anderem ein Morgengebet geschrieben hatte: »Geruhe auch diesmal wieder, auf die zarte Haut neuer Materie, mit der sich heute die Welt umhüllen wird, herabzusteigen, um ihr eine Seele zu geben.«

Der Bereich des losgelösten Geistes interessierte Teilhard nie. Er glaubte nicht daran. Er teilte niemals die Auffassung, die Welt sei Illusion und der Geist allein sei wirklich. Auf einem Klappstuhl in der Ordoswüste hatte er in sein Notizbuch geschrieben: »Alles ist Sein, es gibt überall nur Sein.«

Die Materie liebte er: Menschen, Landschaften, Steine. Wie die meisten Wissenschaftler war er Aristoteliker, kein Platoniker. Als er noch studierte, veröffentlichte er Aufsätze über das Eozän in Ägypten und die Gesteinsformationen der Insel Jersey. In seinen Zwanzigern entdeckte er eine neue Fischart und eine neue Eule. Seinen größten Beitrag zur exakten Wissenschaft leistete er nach dem oben erwähnten Ordosaufenthalt, als er den Pekingmenschen datierte und sämtliche Quartärschichten geologisch erforschte, nicht nur in China und der Mongolei, sondern auch in Java, Indien und Birma. Er verbrachte dreiundzwanzig Jahre seines Erwachsenenlebens fern von zu Hause in China, fast immer unter harten Bedingungen. Warum schindet sich einer eines Traumes Willen?

Selbst wenn ich meinen Glauben an Gott verlieren sollte, schrieb er, »würde ich, scheint mir, unerschütterlich weiter *an die Welt glauben«*.

China Direkt vor mir, zu meinen Füßen, kamen die Terrakottamänner fertig geformt aus den Wänden geschwommen. Weiter vor mir, in der Ferne, arbeiteten lebende Bauern auf den Feldern. Die fernen Bauern gingen, bückten sich, hoben, gruben und schleppten. Von meinem erhöhten Standpunkt aus waren die Männer und Frauen nur undeutlich auszumachen. Ihre umrißhaften Bewegungen – die Beugung eines Halses, das Vorschnellen eines Arms – zeigten ihre Kraft oder ihre Kraftlosigkeit, ihre Eile, ihre Langeweile, ihren Elan. Eine Bäuerin war schwanger; ein Bauer hinkte. Die langen, parallelen Grabschächte schienen in der Verlängerung auf sie zu deuten, auf diese Strichfiguren bei der Feldarbeit. Ich sah hier unter mir die Geborenen-Begrabenen in ihrer starren Momentaufnahme, und dahinter wandelten die Atmenden munter umher. Über den Begrabenen wandelte auch ich, aber das merkte ich zu dem Zeitpunkt nicht: Ich sah vor mir die Abfolge der Generationen. Es kam mir vor wie etwas typisch Chinesisches – Generation auf Generation ohne Ende. Jeder siebte Bewohner der Erde ist ein chinesischer Bauer.

Später sah ich diese Bauern aus der Nähe: Die Frauen ließen die Bänder an ihren Strohhüten baumeln. Der

Tag war heiß geworden; die meisten Männer und Frauen zogen ihre blauen Kittel aus. Sie trugen langärmelige Hemden und weite Hosen. Wie ich waren sie im Moment am Leben – heutige Vertreter des aktuellen Cromagnonmenschentyps. An jenem Morgen des Jahres 1982 gab es fast fünf Milliarden dieser Exemplare. Wir, die Lebenden, waren eine Herde, die in ihrer Zeit am Licht über die Kontinente trampelte – lebensvoll und rege damit beschäftigt, die Welt zu verbessern oder auch nicht –, und bald würden die Kontinente sich über uns decken, und neue Menschenscharen würden über uns hinwegtrampeln.

Später am gleichen Tag sah ich Höhlen in Lößsteilwänden, in denen heutige Menschen lebten. Weit unter ihnen hatten, wie ich wußte, andere Menschen gelebt, bevor der Löß angeweht wurde. Jetzt hing die Wäsche der Heutigen draußen zum Trocknen. Sie schöpften Wasser aus dem Brunnen und nahmen kleine Kinder an die Hand. »Hier waren die Kinder der Erde – die wahren Chinesen. Mutter Erde beherbergte sie ... direkt in ihrem Schoß. Diese eigentümliche goldene Erde – der Löß – umgab sie überall.« Diese Zeilen schrieb Peter Goullart, als er zum erstenmal in das terrassierte, schluchten- und höhlenreiche Land um Sian kam. Er war ein russischer Adliger, den es während der Revolution nach China verschlagen hatte. »Selbst die Farbe der Menschen war wie die Erde – goldgelb –, und die Luft war von goldenem Staub erfüllt. Dies war heiliger Boden. Hier hatten die Han – die bei weitem größte Volksgruppe in China – ihren Ursprung.«

Das chinesische Reich erwuchs aus dem Lößboden. Die Lößablagerungen Chinas bilden die dicksten Kulturböden der Welt. Die fruchtbaren Lößebenen um Sian bestehen aus tiefen – bis zu über hundert Meter mächtigen – Schichten feinen Sandes und Steinstaubs, die mit dem Steppenwind von Norden herangetragen wurden. Der feinkörnige Löß hält die Feuchtigkeit und fördert Mineralien zu den Wurzeln der Pflanzen. Er bedarf lediglich der Versorgung mit Wasser. Wasserversorgung erfordert die Kooperation von Menschen in großem Maßstab; sie erfordert Zivilisation. Die Chinesen bewässern diese Gegend seit zweitausenddreihundert Jahren. Der erste Bewässerungskanal, berichtet ein alter Geschichtsschreiber, verwandelte dürftiges Land in »eine fruchtbare Ebene ohne magere Jahre«. Die Bauern des Kaisers Shih Huang-ti waren reich, und er war es auch; er finanzierte seine Streitkräfte, indem er ihre Getreideernten besteuerte.

China ist auch heute noch so dringend auf die Erträge aus dieser Gegend angewiesen, daß die Bauern eine andere Ausgrabungsstätte auf der Flußseite gegenüber wieder zuschütteten und darauf Weizen säten; jedes Jahr nach der Weizenernte dürfen die Archäologen eine Zeitlang zurückkehren. Entsprechend langsam kommen die Ausgrabungen voran. 1989 schätzten Experten, es könnten sich bis zu sechstausend Terrakottakrieger in hiesigen unterirdischen Grabkammern befinden. Ein paar Jahre später beliefen sich die Schätzungen auf siebentausend Krieger. 1995 waren die Siebentausend Tatsache, und die Schätzungen beliefen sich auf zehntausend.

Derzeit leben in China 1 198 500 000 Menschen. Um ein Gefühl dafür zu bekommen, was das heißt, mußt du dich – in deiner ganzen Einzigartigkeit, Wichtigkeit, Komplexität und Liebe – einfach mit 1 198 500 000 malnehmen. Siehst du? Kinderleicht.

Wolken Ich grabe in Bücherschichten und fördere datierte Wolken und Beinahe-Wolken zutage. Warum nach datierten Wolken wühlen? Warum einen Brief aufheben, ein Foto machen, eine Erinnerung aufschreiben, einen Grabstein meißeln?

»Eines Nachts, am 27. Februar 1856, sei ein Ostwind aus der Wüste gekommen und habe die Dächer Jerusalems mit einer feinen Schicht Salz und Sand überzogen. Daraufhin war Panik ausgebrochen.« Diesen luftigen Schatz kann man in dem Roman *Esaus Kuß* des israelischen Schriftstellers Meir Shalev heben. Dort, auf Seite 480, beruft sich Shalev auf das Werk *Alte Gräber im Norden Jerusalems*, dem er dieses Zeugnis entnommen hat. Den Verfasser Ermete Pierotti, einen italienischen Archäologen, charakterisiert Shalev nur als »Dichter, Historiker, Architekt und Waisenknabe«.

Augustinus predigte einer Gruppe von Leuten: »Wir sprechen von Gott, was Wunder, wenn es nicht verständlich ist? Denn ist es verständlich, dann ist es nicht Gott.«

In seinem Testament hinterließ Rabbi Jehuda Hechasid, ein Kabbalist und Morallehrer des 12. Jahrhunderts, numerierte Vorschriften für ein vernünftiges und heiliges Leben.

15. Wer um einen Verstorbenen zuviel weint, beweint schon den nächsten. Es soll nur drei Tage geweint, sieben Tage getrauert und dreißig Tage kein Putz bereitet und kein Haar geschnitten werden. Bei mehr spricht Gott: »Bist du etwa barmherziger als ich?«
45. Ein fruchttragender Baum soll nicht gefällt werden.
46. Der Besitzer eines Buches schreibe nicht auf dasselbe: »Dieses gehört mir«, sondern schreibe nur seinen Namen hin.

Zahlen Wir haben außer den datierten Wolken auch datierte Wellen. Am 30. April 1991 – an diesem einen Tag – ertranken in Bangladesch 138 000 Menschen. Beim Abendessen meinte ich zu unserer Tochter, die damals sieben Jahre alt war, daß es schwierig sei, sich 138 000 Ertrinkende vorzustellen.

»Nein, das ist doch ganz einfach«, sagte sie. »Viele, viele Pünktchen in blauem Wasser.«

Wie steht es um unsere Zahl, um die Zahl derer, die in dieser jüngsten Zeile des menschlichen Lebens stehen? Wie viele Menschen sind auf die Welt gekommen und dahingeschieden?

»Die Zahl der Toten ist größer als die der Lebenden«, schrieb der Harvard-Professor Nathan Keyfitz 1991 in einem Brief an Justin Kaplan. »Glaubwürdige Schätzungen der Gesamtzahl der Menschen, die bisher auf der Erde gelebt haben, belaufen sich auf 70 bis über 100 Milliarden.« Nehmen wir den Mittelwert, ergibt sich als Summe aller je geborenen Menschen die Zahl 85 Milliarden. Vorsichtig gerechnet ist das Verhältnis der Toten zu uns, die wir mittlerweile auf 6 Milliarden angewachsen sind, demnach ungefähr 14 zu 1. Keine dieser Zahlen ist gesichert; Keyfitz zufolge könnte das Verhältnis »bis zu 20 zu 1« betragen. Es wird immer mehr Tote als Lebende geben.

Die Zahl der toten Amerikaner hingegen wird, wenn alles so weitergeht wie bisher, die Zahl der lebenden Amerikaner nicht vor dem Jahr 2030 überholen, denn die USA sind ein junges Land. Bis dahin werden viele von uns unter den Toten sein. Wird uns das bewußt sein, wird uns das bekümmern, die einstigen Besitzer der leblosen Gebeine, die sich in der Horizontale unter der Erde mitdrehen? Wahrscheinlich werden uns die Lebenden töricht von sich eingenommen erscheinen, allzu wuselig.

Da auf jeden von uns mindestens 14 Tote kommen, machen wir, die wir jetzt am Leben sind, ungefähr 7 Prozent aller Menschen aus, die bis heute die Erde betreten haben. Das ist eine Zahl, die nichts aussagt.

Die Hälfte der Toten sind Säuglinge und Kinder. Wir Erwachsenen könnten uns also die Auszeichnung an die Brust heften, daß wir, wenn wir sterben, zu den Toten gehören werden, die die längsten Knochen haben und denen die meisten Zähne gewachsen sind – was immer diese Auszeichnung bei Wesen zählen mag, die bekanntlich nichts auf Äußerlichkeiten geben und auch auf sonst nichts.

In dem Roman *Pedro Páramo* von Juan Rulfo sagt eine tote Frau zu ihrem toten Sohn: »Denke lieber an angenehme Dinge, denn wir werden lange begraben sein.«

Israel Im Anfang, so Rabbi Isaak Luria, zog Gott sich zusammen – *Zimzum*. Die göttliche Essenz zog sich in sich selbst zurück, um Raum zu schaffen für eine endliche Welt. Das Übel wurde möglich: die genetischen Defekte, die das Leben in den kleinsten Zellen bedrohen, die eruptiven Kräfte, die sich in Naturkatastrophen austoben, und die Sünden, die Menschenhirne sich ausdenken und Menschenhände ausführen.

Lurias kabbalistische Schöpfungsgeschichte gibt bei aller Verschlungenheit eine kühne Begründung für das moralisch Böse ebenso wie für Leid und Übel. Der Schöpfer wollte, daß sein Licht letztlich bis zum Menschen niederfahre. Die Gnade sollte wie ein Wasserfall über zehn heilige Gefäße stufenweise nach unten fließen. Ein Unglück – manche sagen, die Schöpfung selbst – unterbrach diese ordnungsgemäße Emanation. Das heilige Licht sprengte die Gefäße. Die Gefäße zerbarsten und zerstoben. Heiligkeitsfunken regneten in die Tiefen, und die dunklen Scherben *(Kelipoth)* der zerbrochenen Gefäße schlossen sie ein. Dies ist unsere trostlose Welt. Wir sehen nur die dämonischen Hülsen der Dinge. Für die sinnliche Wahrnehmung existiert Gott nicht, denn Gott ist verborgen, verbannt in den Funken göttlichen Lichts, das die Hülsen gefangen halten. Daher kann das Böse sein, kann es weiterleben: Der Funke des Guten in den Dingen, von dem auch die gnostischen Systeme sprechen, der Funke, den selbst der böseste Trieb birgt, verleiht dem Bösen erst Sein.

»Überall sind die Funken eingetan«, sagte Martin Buber. »Sie hängen in den Dingen wie in versiegelten Brunnen, sie ducken sich in den Wesen wie in zugemauerten Höhlen, sie atmen Dunkel ein und Bangigkeit aus, sie warten; und die im Raume wohnen, schwirren wie lichttolle Falter um die Bewegungen der Welt umher, schauend, in welche sie einkehren könnten, durch sie gelöst zu werden.«

Die Juden im Palästina des 16. Jahrhunderts waren im Exil – »das tiefste Exil« nannte es Gershom Scholem. Sie hatten tausend Jahre lang im moslemischen Spanien gelebt – viel länger, als Europäer in Amerika leben. 1492 vertrieben die Christen alle Moslems und Juden. Ungefähr zehntausend spanische Juden zogen nach Palästina. In Safed bildeten sie den Kern der »Gemeinde der Heiligen«. Hier konnten sie frei von Verfolgung über ihr Exil nachsinnen, das in ihren Augen die Verbannung der Welt von Gott symbolisierte. Sogar das Göttliche ist sich selbst entfremdet; die Essenz zerstreut sich in Funken. Die Schechina – die göttliche Gegenwart – ist im Exil, getrennt von Elohim, dem Sein Gottes, genau wie die Juden in Palästina im Exil waren.

Nur die Erlösung – *Tikkun*, Wiederherstellung – kann die Lichtfunken zu ihrem Ursprung in der Urseele zurückführen; nur die Erlösung kann Gottes verbannte Gegenwart wieder zu seinem Sein in der Ewigkeit erheben. Nur die Erlösung kann eine verbannte Seele mit ihrer Wurzel wiedervereinigen. Der Heilige jedoch kann die Erlösung beschleunigen und bei der Heilung von Himmel und Erde mitwirken.

Luria hinterließ keine Schriften. Er tolerierte andersgläubige religiöse Gebräuche. Er lehnte Zorn und Kummer ab, denn vor allem der Zorn war für ihn der unmittelbare Ursprung allen Übels. Gleichzeitig erfüllte er selbstverständlich die äußeren Gesetze der Thora bis auf den letzten Buchstaben. Das jüdische religiöse Leben spielt sich mitten in der vielfältigen Welt der erschaffenen Dinge ab und heiligt diese. Fromme Juden damals wie heute haben große Familien. Luria verachtete den Körper nicht; der Körper mag »schlammig« sein, doch sein Fleisch hat teil an den künftigen Freuden. Luria warnte seine Schüler davor, an einsamen Orten zu leben oder sie auch nur aufzusuchen. Wie die andern Safeder Rabbinen ging er jedoch oft allein auf den Kornfeldern und in den Obstgärten vor der Stadt spazieren. Ich vermute, sie hatten zu Hause so viele Kinder, daß ihnen gar nichts anderes übrigblieb.

Rabbi Lawrence Kushner zitiert den Talmud, wo Amemar und Mar Zutra und Rab Aschi im Gespräch folgendes Gebet anführen: *Ribono schel olam*, Herr der Welt! *Ani schelcha wechalomtai schelcha*, ich bin dein und meine Träume sind dein; *chalom chalamti*, ich habe einen Traum geträumt, *we'eineni jodea mah hu*, und weiß nicht, was er bedeutet.«

Begegnungen Rätselhafte Begegnungen addieren sich im Laufe eines Lebens. Es könnte durchaus sein, daß wir, wenn unsere Gehirne ihre letzten Ströme aussenden, nicht etwa ein geliebtes Gesicht vor uns sehen, sondern, zu unserem Entsetzen, irgendeine episodische Erscheinung, einen Fremden, dessen Bild im Gedächtnis hängengeblieben ist.

Eines Morgens spazierte ich von einem Kibbuz aus zum See Genezareth. Dort sah ich über eine Bucht hinweg einen Mann am Ufer stehen und Holz spalten. Er war eine ferne Silhouette über dem Wasser. Ich hörte einen verkehrten Ton. Er hob seinen Hammer, und als er ihn oben hatte, kam der Ton. Er schlug zu. Ich konnte das Holz sich lautlos spalten und fallen sehen. Die Gestalt bückte sich, richtete sich auf, hob den Vorschlaghammer mit beiden Händen, und wieder hörte ich den Schall in dem Moment, als der Hammerkopf an den Himmel schlug. Metall klirrte gegen Metall wie ein Klöppel gegen eine Glocke. Dann führte die Gestalt den Hammer lautlos nieder. Sicher und geübt, mit beiden Beinen fest auf dem Boden stehend, drosch die Strichfigur auf den Himmel ein.

Ich sah ein rotes Boot am Strand liegen. Ich hätte das rote Boot nehmen, zu dem Mann hinüberrudern und sagen können: Guter Mann, du hast eine Stelle gefunden, wo der Himmel tief hängt. Würdest du mir kurz deinen Hammer leihen? Deinen Hammer und deinen Keil? Denn auch ich, dachte ich, könnte auf den Himmel einhämmern – ihn beim ersten Schlag aufbrechen, beim zweiten spalten – und Gott dem Barmherzigen, dem Allerbarmer entgegenbrüllen: Was soll das mit den vogelköpfigen Zwergen?

Denker Nach dem Krieg pries die Dichterin Nelly Sachs den Baal-schem-tov mit den Worten: »du letzter Garbenträger von Israels Kraft«.

Podolien in der Ukraine im Jahre 1712. Als Junge verdingte sich der Baal-schem-tov als Lehrhausdiener. Sonst wissen wir wenig über ihn, nur daß er Hebräisch und Aramäisch lesen konnte; niemand wußte, daß er überhaupt des Lesens kundig war. Geschichten von den Kinderjahren berühmter Rabbinen erzählen davon, wie sie, jeder einzelne von ihnen, die ganze Nacht hindurch heimlich den Talmud studierten, während die andern schliefen. Im Falle dieses Jungen sollten wir, denke ich, den Geschichten Glauben schenken. Sein Name war Israel ben Elieser. Als die Leute ihn später den Baal-schem-tov nannten, den Meister des guten Namens, wollten sie damit sagen, er sei der größte von denen, die den Namen Gottes kennen und gebrauchen.

Er war ein blonder Junge; wenn er Bänke rückte

und fegte, klemmte er sich die blonden Schläfenlokken hinter die Ohren. Seine Familie war bettelarm; sein Vater war tot. Er lebte im Lehrhaus in einer Hinterstube, wo auch der Besen stand und der Putzlumpen hing. Gegen Logis und geringe Kost hielt er das Haus sauber und besorgte Botengänge. Zum Schabbes und den Feiertagen begab er sich meistens zu seiner Familie.

Wenn die Männer im Nieselregen das Lehrhaus betraten, dröhnten ihre Stiefel am Eingang, und alsbald roch die Luft nach nasser Wolle. Sie zogen ihre Gebetbücher aus den Manteltaschen und packten ihre Gebetsmäntel aus. Der Junge sah seine männlichen Verwandten. Er wußte, daß sie ihn für einfältig hielten: er hatte bereits als Schüler versagt, weil er die Schule geschwänzt hatte, und jetzt versagte er als Lehrhausdiener, weil er immer einschlief.

Stehend begannen die Männer: »Welche Freude, in deinem Haus zu sein... Welche Freude, Gott anzubeten!« Sobald sie das letzte Wort der Nachmittagsgebete gesprochen hatten, machten sie gleich mit den Abendgebeten weiter: »Und Gott, barmherzig, sühnt Sünde und läßt Verderben nicht eintreten.« Wenn die Liturgie vorbei war, legten die meisten Männer ihre Gebetsmäntel, Gebetsriemen und Gebetskapseln ab und gingen; ein paar blieben, um zu lesen. Falls der Junge später ein Buch aufgeschlagen auf einer Bank liegen sah, legte er einen Gebetsmantel darüber, um die offenen Seiten zuzudecken. In seiner Welt wurden Bücher von jedermann hoch geachtet. Wenn ein Buch aus dem Leim ging, wurde es wie ein Mensch bestattet.

Übel Shih Huang-ti erklärte sich vor zweitausendzweihundert Jahren zum ersten Kaiser von China. Er ließ das tönerne Heer bauen und die Krieger zu Tausenden begraben, damit sie sein Leben im Jenseits bewachten. In diesem Jahrhundert war er Maos Idol. Der Kaiser trachtete danach, sich die ganze Welt untertan zu machen. Er besiegte alle benachbarten Könige und vereinigte China. Er vereinheitliche Gesetze, Gewichte, die Spurweite der Wagen, Maße, Geld und die Zahl der verwendeten Schriftzeichen. Er ließ gute Straßen und Bewässerungskanäle bauen, Hügel abtragen und Täler auffüllen. Er ließ die Große Mauer bauen. Das China seiner Zeit und vieler kommender Jahrhunderte und Dynastien war reicher an Werken der Kunst und Gelehrsamkeit, an Wohlstand und Komplexität als jede andere Kultur.

Er war fünfundvierzig Jahre alt, als er zweihundertsechzig konfuzianische Gelehrte, die nicht aus Terrakotta waren, lebendig begraben ließ. Manche Berichte sprechen von vierhundertsechzig konfuzianischen Gelehrten. Zweihundert mehr oder weniger, was macht das schon? Alles Leid, das sie und ihre Frauen, Kinder und Eltern erdulden mußten, ist längst dahin, ob er nun zweihundertsechzig oder vierhundertsechzig Gelehrte lebendig begraben ließ. Der Kaiser befahl seinen Soldaten, einige von ihnen aufrecht bis zum Hals in Gruben zu »pflanzen«. Anschließend hieben die Soldaten die sprossenartigen Köpfe mit der Axt ab; sie beugten die Knie, um die Äxte möglichst tief zu schwingen. Die übrigen lebendigen Gelehrten gruben die Soldaten tiefer ein, und diese starben mit Kopf.

»Diese Gelehrten«, erklärte Shih Huang-ti, »verwirren die Schwarzhaarigen«. Er tötete sie nicht nur, sondern verbrannte auch ihre Bücher: er verbrannte überhaupt alle Bücher im ganzen Reich mit Ausnahme der Werke in der kaiserlichen Bibliothek und einiger praktischer Abhandlungen über Landwirtschaft und Wahrsagekunst. Er befahl seinen Soldaten überall im Reich, jeden zu töten, der Bücher zitierte, und obendrein jeden, der alte Lieder sang.

Gutes Füllmaterial zum Bauen zu finden ist niemals leicht. Beim Bau der Großen Mauer kamen viele Arbeiter um; niemand weiß, ob es Millionen waren oder bloß ein paar tausend. Es waren zwangsrekrutierte Bauern. Auf kaiserlichen Befehl hin zerkleinerten die noch lebenden Arbeiter die Gebeine ihrer toten Kollegen und bauten sie als Schüttgut in die Große Mauer ein. Auf ähnliche Weise stellten Häuptlinge auf den Fidschi-Inseln früher Gefangene in die Pfostenlöcher ihrer Häuser, damit sie die Häuser hielten. Ohne eisernes Werkzeug ist es natürlich beschwerlich, aus Bäumen Pfosten anzufertigen. (Nur wenige Denker stellen Vermutungen darüber an, warum wir hier sind; von diesen wenigen stimmen noch weniger überein. Vielleicht sind wir hier oder waren wir einst hier, um Fidschi-Häuptlingen als Pfosten zu dienen.) In Teilhards Geschichten über den Ersten Weltkrieg sagt ein Soldat vor der Schlacht, wenn er sterbe, möchte er, daß sein Leib »in den Lehm der Forts eingefügt bleibt als ein von Gott zwischen die Steine der Neuen Stadt geworfener lebendiger Mörtel«. Diesen Wunsch teilten die zwangsverpflichteten Bauern, die die Große Mauer bauten, und die lebendigen fidschianischen Eckpfosten zweifellos nicht.

Der kaiserliche Architekt, unter dessen Leitung die Große Mauer errichtet wurde, gab sich alle Mühe, ihren Verlauf an den magischen Geländeformen auszurichten, aber bei den ungeheuren Entfernungen war es, wie er in seinem erzwungenen Geständnis schrieb, schier unmöglich, daß er einige »Adern der Erde« nicht durchschnitt. Für dieses geomantische Vergehen befahl ihm der Kaiser, Selbstmord zu begehen, und er gehorchte.

Die Tausende von Reichtümern sind wunderlich gesunken, sagte Rabbi Nachman von Brazlaw, seinem Schüler Rabbi Nathan von Nemirow zufolge. Verstanden? Es hört sich auf jeden Fall wie etwas an, was Tausenden von Reichtümern passiert, oder? Sie sinken. Aber kann mir irgend jemand sagen, was der Rabbi mit wunderlich meinte?

Rabbi Nachman erklärte, Gott befasse sich drei Stunden am Tag mit der Thora. Im Talmud ist davon die Rede, daß Gott betet und Gebetsriemen anlegt. Was betet Gott? »Möge es mein Wille sein, daß meine Barmherzigkeit meinen Zorn bezwinge.«

Nach einer Schlacht ließ Shih Huang-ti vierhunderttausend Gefangene töten. Nach einer anderen ließ er sämtliche Mitglieder der Familien auftreiben, die mit der Familie seiner Mutter verfeindet waren, und ließ sie lebendig begraben. Damals herrschten grausame Zeiten, im Osten wie im Westen.

Vor gar nicht langer Zeit ließ die englische Regierung in voller Absicht eine Million Menschen in Irland verhungern – jeden achten Bewohner. Pol Pot tötete eine Million (oder zwei) seiner kambodschanischen Landsleute – wiederum jeden achten (oder vierten) Bewohner. Stalins Entscheidung, Getreide zu exportieren, führte lange vor den Säuberungen von 1934 zum Tod von zehn Millionen Bauern, und bei den Säuberungen und in den Gulags kamen weitere zehn Millionen Sowjetbürger ums Leben. Den heiß umkämpften Spitzenplatz auf dieser Greuelliste hat das kommunistische China mit zweiundsiebzig Millionen Todesopfern inne; allein Maos »Großer Sprung nach vorn« kostete in drei Jahren dreißig Millionen Menschen das Leben, von denen die meisten verhungerten. 1994 töteten die Hutus in Ruanda in hundert Tagen achthunderttausend Tutsis.

Daß Massen- und Völkermorde auf der Welt immer wieder vorkommen, bedeutet nicht, daß sie einander ähnlich sind. Jeder Fall von Menschen begangener Übeltaten und der Tod jedes einzelnen Opfers hat seine einzigartige Geschichte. Sie zu verallgemeinern heißt, um Cynthia Ozick zu zitieren, die Konkretheit des Bösen zu »vernebeln«. Jede Verschleierung ist gefährlich, wenn auch unvermeidlich, weil der Tod von ein paar hundert Gelehrten oder zehntausend Menschen oder einer Million oder dreißig Millionen Menschen mit wachsendem zeitlichen und räumlichen Abstand immer weniger schmerzt. Sollen wir uns über die Enthauptung irgendwelcher chinesischer Gelehrter vor fast zweieinhalbtausend Jahren den Kopf zerbrechen? Ein Beinbruch tut mehr weh.

Wo stößt bei uns im Westen die fraglose Vorstellung vom »Individuum« an ihre numerische Grenze? Noch 1894 raffte die Beulenpest in Asien dreizehn Millionen Menschen hin – die gleiche Pest, die in Europa fünfeinhalb Jahrhunderte zuvor fünfundzwanzig Millionen Europäern das Leben gekostet hatte. Hast du überhaupt schon einmal von dieser neuzeitlichen Pest gehört? Kann es sein, daß unsere Wertschätzung des einzelnen menschlichen Lebens im Quadrat zur Entfernung abnimmt, wie die Schwerkraft?

Ist uns das Individuum einzigartig wertvoll ist oder nicht? Meine Kinder und deine Kinder und deren Kinder? Aber ja doch. Die zweihundertfünfzigtausend Mitglieder des thailändischen Karen-Stammes? Dein Großvater? Die irgendwo in Asien lebenden Männer, Frauen und Kinder, die den Völkerschaften der Inguschen, Tschetschenen, Burjaten und Baschkiren angehören? Die Leute in deinem Adreßbuch? Sonst eine x-beliebige Teilmenge der sechs Milliarden heute lebenden Menschen oder auch der fünfundachtzig Milliarden Toten, die dir gerade in den Sinn kommt?

Es leben heute etwa eine Milliarde Menschen mehr, als Jahre vergangen sind, seit unsere Sonne sich aus interstellaren Gasen zu einer Kugel verdichtet hat. Einen Sinn kann ich in dieser Feststellung nicht entdecken.

Ein Dekan des Domkapitels von Canterbury, der womöglich ein wenig zum Scherzen neigte, hatte einen derartigen Widerwillen vor Argumenten mit

Zahlen, daß er, wie Huston Smith berichtet, bei einer hochoffiziellen Diskussion ausrief: »Etwas kurzsichtiger, wenn ich bitten darf, etwas kurzsichtiger!«

Jetzt Die guten Zeiten und die heroischen Menschen, sie sind alle dahin. Das weiß jeder. Hat's schon immer gewußt. Früher gab es Riesen auf Erden. Unsere Ureltern Adam und Eva hatten allen Grund zu der Annahme, daß sie die Unschuld verloren, sich das Paradies vermasselt hatten und in eine Zeit hineingestolpert waren, in der Leid und Übel regierten. Die Männer des 5. Jahrhunderts v. u. Z., die die Geschichten von Mose, Abraham und Noah aufschrieben, stellten diese schon als Unterhändler dar, die Gott zu erweichen suchten, ihre sichtlich verderbten Generationen zu verschonen. Die Klagen der Weisen hallen als ewig gleicher komischer Refrain durch die Räume der historischen Zeit.

Der Sanskritausdruck für unser entartetes und unseliges Zeitalter lautet *Kali Yuga;* es ist das Ende vom Ende. Die Inder gebrauchten diesen Begriff erstmals zwischen 300 v. u. Z. und 300 n. u. Z.

Im Talmud fragt ein Rabbi: »Die früheren Frommen pflegten eine Stunde zu verweilen, eine Stunde zu beten, dann wiederum eine Stunde zu verweilen. Wenn sie sich aber neun Stunden täglich mit ihrem Gebet aufzuhalten pflegten, wieso wurde ihr Studium bewahrt und wie wurde ihre Arbeit verrichtet?«

Die Antwort darauf lautet: »Doch, da sie Fromme waren, wurde ihr Studium bewahrt und ihre Arbeit gesegnet.« Schon im 1. Jahrhundert dachten manche, die Welt gehe zum Teufel. Der damals lebende Verfasser des Hebräerbriefs sah das »Ende der Zeiten« gekommen.

Vor gut anderthalb Jahrtausenden blickte Augustinus drei Jahrhunderte zurück auf die Apostel und ihren Chiliasmus: »Schon damals waren es die letzten Tage, wieviel mehr also jetzt.«

»Heutzutage«, klagte ein chinesischer buddhistischer Meister aus dem 11. Jahrhundert, »erleben wir Schüler, die ihr Bestes tun, um richtig zu sitzen, und doch nicht erwachen.«

Im 12. Jahrhundert beklagte Rabbi Juda Halevi den Verfall der eigentlichen Musik: die Musik sei schlecht geworden, da sie vom niederen Volk geübt werde. Sie sei von ihrer früheren Höhe gesunken, wie auch die Menschen gesunken seien.

Im 12. Jahrhundert in Korea sprach der buddhistische Meister Chinul traurig von »Menschen in diesem Zeitalter des Religionsverfalls«.

»Die Welt ist so voll Habsucht«, schrieb die heilige Teresa von Ávila 1570 an ihren Bruder, »daß ich in Wahrheit erschrecken würde, wenn ich Geld behalten müßte.«

»Heutzutage«, sprach ein chassidischer Rabbi im späten 18. Jahrhundert, »sind die Seelen der Menschen verwaist und ihre Zeiten zerrüttet.« Dies war nur eine Generation nach den großen chassidischen Meistern – nach dem Baal-schem-tov und dem großen Maggid. »An jedem Tag nehmen die Zeichen ab und gehen die Wunder dahin«, sagte ein anderer. Rabbi Nachman beklagte »den weitverbreiteten Atheismus und Sittenverfall in der heutigen Welt«.

Wieder ein anderer Rabbi des 18. Jahrhunderts sagte: »Neumodische Leute sind jetzt erschienen, die auf Geld aus sind.« »In diesen Generationen heute«, schrieb ein chassidischer Meister des 19. Jahrhunderts, sind die großen Lehrer und Propheten tot und haben wir nur noch »kleine Leuchten«.

Im Alter kam John Ruskin zu der Auffassung, die Natur selbst breche zusammen. Das Wetter sei regelrecht aus den Fugen geraten – es war ein regnerisches Jahr gewesen – und es sei »faulig« und »verpestet«.

In unserer Zeit, sagt ein chassidischer Rabbi des 20. Jahrhunderts, liegen wir im Koma.

Drittes Kapitel

Geburt Geistreich wie sie sind, erfinden Ärzte seit Generationen spaßige Namen für unsere Fehlbildungen. Kinder mit dem Angelman-Syndrom, im Englischen Happy-Puppet-Syndrome genannt, wachsen zu schwer geistig behinderten Erwachsenen heran, die unmotiviert zucken und lachen. »Das Lachen hat«, belehrt uns der Arzt, »allem Anschein nach nichts mit Heiterkeit zu tun.«

Die Bezeichnungen Whistling-face-Syndrom, LEOPARD-Syndrom und Katzenschrei-Syndrom dienen der Veranschaulichung der Diagnose. Menschen mit dem Whistling-face-Syndrom kommen zum Glück selten vor: Ihre Gesichter sind aufgedunsene Masken. Ihre verdrehten Augen schielen; ihr Mund ist gespitzt, das Kinn verkrampft. Menschen mit dem LEOPARD-Syndrom bekommen dunkle Pigmentflecken; sie haben spitze, abstehende Ohren. Katzenschrei-Babys sind geistig gestört und miauen. Säuglinge mit dem Leprechaunismus-Syndrom leiden unter einer Stoffwechselstörung. Sie sind klein und runzlig wie die Leprechauns genannten irischen Kobolde und haben dicke Lippen, große Ohren und schönes, volles Haupthaar. Sie wachsen nicht weiter und sterben meist im Kindesalter.

Liegt eine Sirenomelie vor, sieht das meist totgeborene Kind (in den Augen eines humorigen Geburtshelfers, und auch dann nur entfernt) wie eine Nixe aus. Will sagen, es hat hat nur ein Bein mit nach hinten verdrehtem Knie und Fuß, was bedeutet, daß diese Menschen, wenn sie lebensfähig wären und umherhüpfen könnten – was nicht der Fall ist –, nie sehen würden, wohin sie hüpfen. Wäre das nicht ganz lustig, wenn man sich einmal daran gewöhnt hätte? Nein. Alles andere als lustig sind auch die früh sterbenden oder gleich totgeborenen Kinder, die wie Frösche aussehen – keine Augenlider, aufgerissener Mund, schuppige Haut. »Blutsverwandschaft« ist als Krankheitsursache im Text angegeben: Sie entstehen durch Inzest.

Viele mißgebildete Kinder sterben binnen weniger Tage oder Wochen. Die Mehrheit von denen, die am Leben bleiben, sind geistig gestört. In *Smith's Recognizable Patterns of Human Malformation* sind die sichtbaren Anomalien der Kinder – ihre gequetschten oder langgezogenen Gesichter, ihre verdrehten Gliedmaßen und wilden Augen – ein Anzeichen oder vielmehr der leibhaftige Ausdruck ihres Hirnschadens.

Hier sind sie, Seite um Seite, Schwarzweißbilder en face und im Profil: von Säuglingen und Kindern und Erwachsenen jeden Alters, nackt oder in Unterhose. Der Fotograf stellt diese Menschen, wenn sie denn stehen können, vor einer Wand auf. Die Wand ist schwarzweiß kariert, damit wir erkennen können, wie sehr ihre Körper aus dem Lot sind.

Degas notierte: »Es gibt naturgemäß Gefühle, die man nicht wiedergeben kann.«

Du blätterst um. Da ist sie. Von allen gut tausend Fotografien im Buch jagt mir diese am meisten Angst ein. Sie ist das Inbild eines quietschvergnügten, hübschen kleinen Mädchens. Sie trägt ein baumwollenes Unterhöschen. Sie hat dunkles Haar, einen Pony und zwei wellige Rattenschwänzchen, die mit Zwirnsschleifen gehalten werden. Ihres Charmes gewiß lächelt sie direkt in die Kamera; ihr Kindergesicht strahlt vor Vertrauen und Freude: Bin ich nicht süß? Sie ist wahrhaftig süß. Sie ist drei. Sie hält die Unterarme hoch, als wollte sie den Fotografen umarmen. Doch vermutlich hat ein Arzt sie gebeten, die Arme zu heben, damit man sie sieht. Es ist symptomatisch, daß sie die Ellbogen nicht strecken kann; das kann niemand, der an einer Femurhypoplasie – verkürzten Beinen – leidet. Ihre Beine sind unnatürlich kurz. (Das Foto eines Säuglings, der Opfer des gleichen Syndroms ist, zeigt Füße, die direkt an den Lenden aus den Windeln gucken.) Wenn dieses kleine Mädchen die Arme hängen ließe, würden ihre Hände bis weit über die Knie reichen. Mit plastischer Chirurgie ist da nichts zu machen. Intelligenz: normal. Auf dem Foto ist sie von sich und der Welt begeistert. Irgend jemand bürstet ihr die Haare. Irgend jemand bindet ihr Schleifen ins Haar. Irgend jemand hat sie lieb, und warum auch nicht? »Jeder wird geliebt«, schrieb Elizabeth Bishop.

Auf der gegenüberliegenden Seite steht ein zweites kurzbeiniges Kind, ein krummer Junge von fünf Jahren. Seine mißgebildeten Beine sind so kurz wie eine geballte Faust – so kurz, daß seine Finger, wenn er die Arme ausstrecken könnte, an die Fesseln streifen würden. Ansonsten ist sein Körper vollkommen in Ordnung. Er kann heranreifen und sich fortpflanzen. Er hat ein hübsches Kindergesicht, dieser kleine Junge; er steht nackt vor der schwarzweiß karierten Wand. Er blickt finster drein. Er hält den Kopf leicht gesenkt und schaut nach oben in die Kamera. Seine Augen klagen an, seine Stirn wirkt trotzig, sein Mund traurig.

So wie das selbstbewußte Mädchen und der bekümmerte Junge auf gegenüberliegenden Seiten nebeneinanderstehen, will es scheinen, als merkten diese Kinder irgendwann zwischen drei und fünf Jahren, was mit ihnen ist. Ihre Beine sind zu kurz, und sie werden noch ganz andere Probleme haben, als passende Kleider zu finden.

»Steh um Mitternacht auf«, sagte ein chassidischer Meister, »und beweine deine Sünden.« Doch wir haben gesagt, die Natur sehe unsere Sünden nicht an. Unsere Sünden haben nichts mit unserem leiblichen Schicksal zu tun. Beim Erbsenschälen findet man in fast jeder Hülse eine Erbse, die verkümmert ist, weil ihr Keimplasma defekt war. Und so schön bin ich auch nicht.

Sand Vor ein paar Jahren begann ich mich für Sand zu interessieren. Warum liegt in Wüsten Sand? Wo kommt er her? Ich dachte immer, Sand würde von Meereswellen am Ufer produziert: Wellen zerschmetterten den Kontinentalfels, und daraus entstünden Steine, Kiesel und schließlich Sand. Das stimmt, wie ich erfuhr, nur teilweise.

Flechten, wie auch Eis und Salzkristalle, produzieren mehr Sand als Meereswellen. Auf Berggipfeln und an Hängen findet man gespaltene Felswände und -brocken. Sie sind mit Flechten in Ringen oder Horsten bewachsen. »Und auf den Felsen lautloses Gesprenge / die Flechten bilden große graue Ringe«, schrieb Elizabeth Bishop. Diese Ringe sprengen die Felsen tatsächlich; Flechten sondern Säuren ab, die Mineralien zersetzen. Flechten weiten Felsspalten, wuchernde Salzkristalle pressen sie weiter auf, und gefrierendes Wasser sprengt sie entzwei.

Auch Gletscher produzieren Sand; sie reißen an ihrem Fuß große und kleine Felsbrocken mit, die auf ihrer Bahn über die Erde scheuern. Wenn Gletscher schmelzen, hinterlassen sie Schotterflächen mit Felsblöcken, Steinen, Geröll, Sand und Lehm, der zu mehligem Pulver zermahlener Sand ist. Winde wirbeln den Sand auf und tragen ihn davon.

Den meisten Sand produzieren die Wasserläufe auf den Kontinenten. Vor allem in Gebirgsbächen und schnellen Flüssen poltern Steine über den Grund und zerbrechen in scharfe Sandsplitter. Die Sandkörner springen – tanzen – flußabwärts. Deshalb sind die Ufer und Gründe der meisten Bäche sandig. Sieh dir einen beliebigen Bach im Wald oder in den Bergen an, so weit im Binnenland, wie du willst. Der Bach produziert Sand, und der Sand liegt in seinem Bett.

Köcherfliegenlarven benutzen die Körner als Bausteine für das seltsame Mauerwerk ihrer Gehäuse.

Flüsse tragen Sand ins Meer. Wo Flüsse langsam fließen, lassen sie ihren Sand zu Boden sinken, so daß Häfen versanden und Deltas sich ins Meer schieben. Wenn das Festland aus frischer Lava besteht wie auf Tahiti und an der karibischen Küste von Costa Rica, ist der Sand, der von den Flüssen an die Strände geschwemmt wird, schwarz. Ist der Fels im Binnenland basaltisch wie die Hochebene, durch die sich der Columbia River gräbt, ist der Sand, den der Fluß an die Strände trägt, dunkel und feingemahlen. Ist der Fels aus Granit wie in den östlichen USA, gibt es Sand aus hellen Quarzen und Feldspat, den Hauptbestandteilen des Granits.

Als Los Angeles und Orange County ihre intermittierenden Flüßchen stauten, verloren sämtliche Strände von Los Angeles bis hinunter nach Newport Beach ihren Sandnachschub. So viel Sand hatten diese mickrigen Hügelbäche, die nicht einmal ganzjährig Wasser führen, herangeschafft. Jetzt kaufen die Strandkommunen ausgebaggerten Hafensand und füllen damit die Strände auf.

Küstenströmungen schmieren Sand um die Kanten der Kontinente. Deshalb liegt an Meeresstränden Sand. Meereswellen produzieren nur dort Kieselsand, wo sie sich an Felsen brechen. Der Löwenanteil der Strände besteht aus Flußsand, den Wellen und ufernahe Strömungen entlang der Küste verteilen und den Kontinenten immer wieder an die Füße schleudern. Meereswellen zermahlen tote Korallenriffe. Und Papageienfische fressen Korallenpolypen.

Die Fische verdauen die Kalkbestandteile der Korallen nicht, sondern scheiden sie tröpfenchweise mit dem Kot aus und produzieren auf diese Weise den herrlichen weißen Sand, den wir an tropischen Stränden und flachen Meeresböden so schätzen. Unter den tiefen Ozeanen liegt kaum Sand.

Warum liegt in Wüsten Sand? Weil windverwehter Sand sich in allen Vertiefungen sammelt und Wüsten niedrig liegen, wie Strände. Ganz gleich, wie weit du vom Meer entfernt lebst oder wie hoch in den Bergen, wirst du Sand in Gräben, in Straßenrinnen, in Felsspalten und Gehwegritzen finden.

Sand sammelt sich auch auf ebenen Flächen, zum Beispiel in Hochwüsten. In Zwischeneiszeiten wie dieser, in der wir gerade leben, werden Böden trokken. Lehmpartikel bilden Klumpen und bleiben liegen; Sandkörner fallen auseinander und verwehen. Winde lassen Sand nach Gewicht fallen, wie wir Dinge fallen lassen, die uns zu schwer werden. Winde tragen leichten Steinstaub – Löß – über weite Entfernungen. Einerlei wo sie ihn fallen lassen, er bleibt nur an wenigen Stellen liegen: auf den fetten Prärien von Zentralnordamerika und in den fruchtbaren weiten Becken von China und Rußland.

China Teilhard hatte auf seiner Ordosexpedition von 1923 die Wüste Gobi vom Maultierrücken aus erblickt. Sie war die größte Wüste der Erde: 1,5 Millionen Quadratkilometer wilder, von Sandstürmen gepeitschter Plateaus im Grenzgebiet der Inneren und Äußeren Mongolei. »So weit das Auge reicht, wogt auf der endlosen, vor Zeiten vom Gelben Fluß abgeflachten Ebene das Steppengras.« Die einsamen Weiten bewegten ihn: »die breiten Stromtäler ... wo man auf den Kieseln und dem kargen Gras Gazellenrudel mit witternd erhobenen Nasen vorbeiziehen sieht. Wir durchqueren die tief gelegenen Steppen von Santau-Ho ... Die Mongolen sind nicht mehr hier ... Die Zeit der gelben Winde ist vorbei.«

Eine zweite Reise führte ihn 1924 ins Innere der Gobi. Er schwang den Pickel an den Wassern des Shilin-Gol und zog von dort Richtung Kalgan in ein Gebiet, das für die Wissenschaft ein unbeschriebenes Blatt war. Er fand Fossilien. Am Dalai-Nor, einem vierzig Kilometer langen Salzsee in der mongolischen Steppe, breitete er sein Bettzeug auf einer Düne am Ufer aus. Sechs Ochsenkarren wurden mit Vorräten und Kisten voll Knochen ausgestorbener Pferde und Nashörner aus dem Tertiär beladen.

Danach kehrte er für ein Jahr nach Paris zurück und nahm seine Lehrtätigkeit wieder auf. In den folgenden Jahren lebte er abermals in China, unternahm eine weitere Gobiexpedition, kehrte nach Paris zurück, machte auf dem Rücken eines Maultiers eine geologische Tour durch das Mabla-Massiv in Äthiopien und zog monatelang durch das Ordosgebiet und die Mandschurei, um Knochen auszugraben und Steine zu klopfen.

Auf seinen Expeditionen trug er eine feste Jacke und einen breitkrempigen Schlapphut. In der einen Brusttasche hatte er ein Brevier, in der andern ein

Päckchen Gauloises. »Dieser Mann mit dem klaren Blick«, nannte ihn ein Freund. Er hatte lange Glieder und scharfe Züge, lächelte leise im ernsten Gespräch und war in Gesellschaft heiter. Wenn er lachte, zerlegte sich sein Gesicht in große Flächen. Sein Leben lang trug er sein kurzes Haar links gescheitelt. Seine Freunde und Bekannten waren größtenteils Geologen, Paläontologen, Priester, Forscher, gebildete Pariserinnen und New Yorkerinnen und Archäologen. Zu ihnen zählte auch ein merkwürdiges Trio: Julian Huxley, Henry Clay Frick und Paul Valéry.

Sandstürme erregen Übelkeit, indem sie statische Elektrizität erzeugen – achtzig Volt pro Quadratmeter. Ein holländischer Geograph entdeckte ein Gegenmittel. Er schleifte beim Gang durch einen Sandsturm einen Wagenheber hinter sich her; dadurch entlud sich die Spannung.

Der Paläontologe nannte Gott einmal »punktförmig«: »*Gerade weil* er unendlich tief und punktförmig ist, ist Gott unendlich nahe.« Ist es klug, sich Gott als punktförmig vorzustellen? Ich meine schon.

Über die in den Evangelien berichteten Wunder sah er sich gezwungen zu sagen, »daß ich nicht wegen, sondern trotz der Wunder glaube«.

Wolken Wir sind in der glücklichen Lage, eine Art Statistik der Wolkenpopulation für den Sommer 1869 in der kalifornischen Sierra zu besitzen.

Am 12. Juni notierte John Muir am nördlichen Zufluß des Merced River: »Im Osten steigen Kumuluswolken auf. Wie herrlich sind ihre perlmuttschimmernden Bäuche! Wie schön sie mit den aufschwellenden Felsmassen darunter harmonieren! Himmelsberge wie aus festem Stoff, fein herausgearbeitet ...«

Am 21. Juni beschrieb er eine schön konturierte Wolke: »Ein einzelner weißer Berg ... von Sonne und Schatten gesättigt.«

Am 2. Juli erschienen frische, felsartige Wolken: »mit den schärfsten Umrissen, die ich jemals gesehen habe.«

Am 23. Juli: »Was können wir armen Sterblichen über Wolken sagen?« Noch während man sie beschreibt, verschwinden sie. »Dennoch sind diese flüchtigen Himmelsberge genauso wesenhaft und bedeutsam wie die langlebigeren Granitaufwürfe unter ihnen. Die einen wie die andern bauen sich auf und vergehen, und in der Zeitrechnung Gottes gilt unterschiedliche Dauer nichts.«

Auch wenn wir es nicht gesehen haben, können wir sicher sein, daß am 26. August 1869 zur Mittagszeit der Himmel über Tuolomne Meadows zu etwa 15 Prozent von Wolken bedeckt war. Gegen Abend türmten sich über dem Mount Dana »große malerische, felsengleich zerklüftete Wolken«, »von rötlicher Farbe wie der Berg selbst.«

8. September: Vereinzelte Wolken trieben um die Gipfel, »als suchten sie Arbeit«.

Vierundsiebzig Jahre später, am 11. August 1943, schrieb eine junge Frau aus Westerbork, einem

Durchgangslager in den Niederlanden: »Es kommt im Grunde nicht darauf an, ob ich sterbe oder jemand anders. Worauf es ankommt, ist, daß wir alle Gezeichnete sind.«

Zahlen Vor zehn Jahren las ich, daß auf jeden lebenden Menschen zwei Galaxien kämen. Mittlerweile, seitdem wir das Hubble-Teleskop ins All geschossen haben, mußten wir diese Zahl korrigieren. Es kommen eher 13 Galaxien auf jeden von uns, 80 Milliarden Galaxien insgesamt. Jede Galaxie hat mindestens 100 Milliarden Sonnen. Unsere Galaxie, die Milchstraße, hat 400 Milliarden Sonnen – plus/minus 50 Prozent –, das ergibt 67 Sonnen für jeden lebenden Menschen. In einem frühen Bericht stand, mit Hilfe des Hubble-Teleskops sei zu erkennen, daß die Sterne »nicht 12, sondern 13 Milliarden Jahre alt« sind. Zwei Galaxien, 13 Galaxien ... 100 Milliarden Sonnen, 400 Milliarden Sonnen ... 12 Milliarden Jahre, 13 Milliarden Jahre ...

Diese Astronomen erschlagen uns mit ihrer kleinkarierten Rechnerei.

Man sagt, in jedem Sandkorn sei ein Buddha. Platitüden wie diese machen einem die Größe des Buddhismus schwer verdaulich. Dennoch sind unter den großen Religionen allein der Buddhismus und der Taoismus mühelos fähig, den ganzen Kosmos in den Blick zu nehmen – den zu Galaxien »granulierten« Kosmos, wie die Astronomen sagen.

Glaubt irgend jemand, daß die Galaxien geschaffen wurden, damit der Nachthimmel über Bethlehem prächtiger erstrahlte?

Teilhard de Chardin sinnierte nach dem Besuch einer Ausgrabungsstätte: »Mitten im Tamariskengesträuch sieht man, seit 1922 teilweise ausgegraben, eine Stadt aus roten Ziegeln mit ihren Häusern, ihren Wasserleitungen, ihren Straßen ... Mehr als dreitausend Jahre vor unserer Zeitrechnung lebten dort Menschen und spielten mit Würfeln, die unseren glichen, fischten mit Angelhaken, wie wir sie haben, und schrieben mit Zeichen, die man noch nicht lesen kann.«

Wer waren diese Individuen? Und wer war die mongolische Familie Wanschok – der Mann mit den fünf Söhnen, die bei der Ausgrabung halfen? Wer waren der besessene chinesische Kaiser, der besessene römische Kaiser und der heitere, mönchische Paläontologe, der die Grabung durchführte? Wer waren die Bauern, die auf den entfernten Grabfeldern arbeiteten, der Maler, der Wolken malte, Rabbi Akiva, der betete, und Rufus, der ihm Haut und Muskeln abziehen ließ? Die Troer dürften geradeso von sich überzeugt gewesen sein wie wir von uns, und doch sind sie dahin, wie auch wir bald dahin sein werden; ihre letzte Siedlung ging 1100 v. u. Z. zugrunde. Wer war der Arzt, dessen Hand die vogelköpfigen Zwergenkinder stützte? Wer war der Israeli, der am Wasser Holz spaltete, wer Schwester Pat Eisberg, die Neugeborene wusch wie Geschirr, und wer der Statistiker, der ausrechnete, daß wir heute lebenden Menschen –

die wir zusammengenommen bloße 31 Millionen Kubikmeter verdrängen – alle im Windermere-See unterzubringen wären?

Wer waren die Familien, über deren Feuerstellen unter dem Löß Dschingis Khan mit seinen Heeren ritt, die Menschen, die von Stalin umgebracht wurden, die 79 Milliarden von uns, die schon tot sind, die 6 Milliarden von uns, die noch leben, die kleine vergnügte Dreijährige im Schlüpfer mit den Stummelbeinen und den Schleifen im Haar, die ihre Arme ausstreckte, oder Isaak Luria im Exil?

Welche von diesen Menschen mögen noch unter den Lebenden weilen? Der rote Säugling lebt höchstwahrscheinlich noch, und sein Hodensack hat mittlerweile die übliche Farbe angenommen. Die meisten der chinesischen Bauern, die ich bei der Feldarbeit beobachtete, sind noch unter uns. Vielleicht reiten die Enkelinnen der Wanschoks mit unnahbarer Miene über die mongolischen Ebenen, aber der Mann und die Frau sind längst dahin. Alle andern sind tot, vielleicht mit Ausnahme des Holzspalters, dessen Hammer an den Himmel schlug, und der kerngesunden Schwester Pat Eisberg. Ist es wichtig, ob die vogelköpfigen Zwergenkinder schon tot sind, oder der Statistiker? Ob dein Vater schon verstorben ist? Dein Kind? Schließlich ist es nur eine Frage der Zeit. Warum ist es uns zu jedem beliebigen Zeitpunkt in jedem beliebigen Jahrhundert auf Erden so überaus wichtig, wer von uns gerade oben ist? Warum scheren wir uns darum, ob unsere Füße die Erdoberfläche von oben oder von unten berühren?

»Ein Tod ist eine Tragödie; eine Million Tote sind eine statistische Tatsache.« Der Mann, der dieses beunruhigende und womöglich universelle Gefühl derart in Worte faßte, war der Nimmersatt Josef Stalin.

Wieso soll ein einzelner Mensch etwas zählen? Zählen Einzelne nur für uns andere Schwachköpfe, denen nichts Besseres einfällt als zu lieben und zu trauern wie Elefanten? Vor Allah, heißt es im Koran, »ist nichts verborgen, was in den Himmeln und was auf Erden ist, und sei es auch nur so leicht wie eine Ameise«. Bei aller Rührung darüber, daß Allah, Gott und ihresgleichen hinsehen, wenn eine Ameise eine andere zerstückelt, und Notiz davon nehmen, wenn ein Spatz zur Erde fällt, ringe ich vergeblich darum zu verstehen, wozu das gut sein soll.

In der Suppenküche der Kleinstadt St. Mary bekommen jeden Abend etwa 115 Männer eine warme Mahlzeit. Wozu 115 Einzelne mit Essen versorgen? Eine so geringe Zahl von Menschen ist demographisch kaum zu erfassen und fällt statistisch nicht ins Gewicht. Schließlich gibt es 270 Millionen US-Amerikaner, 19 Millionen Menschen in Mexico City, 16 Millionen im Stadtgebiet von New York, 26 Millionen im Stadtgebiet von Tokio. Tag für Tag passieren 1,5 Millionen Menschen den New Yorker Times Square; Tag für Tag besteigt fast die gleiche Anzahl – 1,5 Millionen – US-amerikanische Passagierflugzeuge. Und so weiter. Wir, die derzeit Luft atmen, werden in die Schichten der bereits Verstorbenen eingehen, die einst Luft geatmet haben. Wir erstehen aus Erde und zergehen zu Erde, und die Macht des Kosmos steht gegen uns.

»Gott spricht so genau wie nötig«, sagten die Rabbinen.

Während des Krieges schrieb Nelly Sachs:

> Wo soll die kleine Heiligkeit hin
> Die noch in meinem Sande wohnt?
> Durch die Röhren der Abgeschiedenheit
> Sprechen die Stimmen der Toten.

Israel Das Gesicht, das jede Religion nach außen hin bietet, ist der populäre Aberglauben in seinen vielfältigen Ausprägungen. In allen Religionen scheinen in jeder Generation die besten Denker vollauf damit beschäftigt zu sein, diese heulende Meute in Schach zu halten. 1978 erschien in New Mexico das Antlitz Jesu in einer Tortilla. »Ich war gerade dabei, einen Burrito für meinen Mann auszurollen ...«, begann der Bericht der Zeugin. Ein Laden für Kfz-Ersatzteile in dem texanischen Ort Progresso zog mengenweise Besucher an, als dort ein Ölfleck auf dem Fußboden aussah wie die Jungfrau Maria. In Colma, Kalifornien, erschien die Jungfrau 1998 in anderer Gestalt: als erstarrtes Harz an einem Kiefernstamm. In einem Café namens Bongo Java in Nashville sah ein Zimtbrötchen, als es aus dem Ofen kam, aus wie Mutter Teresa – es wurde von den Zeitungen als »the nun bun«, Nonnenweck, gefeiert. 1996 erschien im englischen Leicester der Name Allah in einer längs halbierten Aubergine. Mehrere Städte – Kandy auf Sri Lanka ist eine davon – behaupten im Besitz eines Zahns aus dem Gebiß das Buddha zu sein. Ein Biologe, der einen davon zu sehen bekam, stellte fest, der Zahn stamme von einem Krokodil.

Wenn der Abt Philip Lawrence vom Kloster Christ in the Desert aus Abiquiu in New Mexico mit Reisegruppen nach Israel fährt, gibt er den Teilnehmern nur eine Anweisung. »Wenn man Ihnen den Stein mit dem Fußabdruck Jesu vorführt«, sagt er, »lachen Sie nicht.« Auch einen überlebensgroßen Fußabdruck des Buddha gibt es, in Luang Prabang in Vietnam.

»Plötzlich kommt ein Punkt, da wird der Glaube lächerlich«, schrieb Thomas Merton. »Dann beschließt man, daß man trotzdem glaubt.« Plötzlich!

Einer der – hoffentlich – absonderlichsten Orte auf Erden liegt in Bethlehem. Es ist der Flecken, von dem es in der Überlieferung heißt, es habe da einen Viehstall in einer Höhle gegeben, wo Maria einem Sohn das Leben schenkte, dessen späteres Wirken als Prediger – darin sind sich die Gelehrten aller Schulen, wenn auch mit unterschiedlicher Begeisterung, einig – die römische Besatzungsmacht veranlaßte, ihn ans Kreuz zu schlagen. Generationen von Christen tobten an diesem traditionsbeladenen Flecken in Bethlehem ihren kirchenbauerischen Eifer aus. Durch Um- und Zubauten aus vielen Jahrhunderten wirkt die Architektur recht kunterbunt, aber die Kirche ist von außen ohnehin nicht zu sehen, weil ringsum drei Klöster Dach an Dach daran kleben wie Entenmuscheln. Zur Zeit ist die Stätte mit der Grotte im Besitz der griechisch-orthodoxen Kirche und nennt sich Geburtskirche.

In dieser Geburtskirche stieg ich auf ausgetretenen Steinstufen hinunter in Geschosse mit dunklen Räumen, Kapellen und kerkerhaften Gängen, durch die gedämpft redende Menschen schritten. Die Fußböden waren aus schwarzem Stein oder gesprungenem Marmor. Die alten steinernen Wände zierten dicke Brokate. Allüberall hingen Öllampen. Jede der glänzend polierten Silber- und Messinglampen schien mehr Licht zu absorbieren als ihre rötliche Flamme gab, so daß der Raum, je mehr Lampen brannten, um so dunkler wurde.

Weiter oben in eine winzige Kammer mit Gewölbedecke gezwängt sangen Norweger, wie alle andern Gruppen vor und nach ihnen, ein Weihnachtslied. Das steinerne Gewölbe warf die Töne kreuz und quer durch den Raum. Die Leute hörten sich an wie Seraphim, die unter einer Glocke singen, zitternd und zagend.

Auf dem Weg nach unten kam ich an mehreren Mönchen vorbei, schlanken Männern mit feingeschnittenen schwarzen Gesichtern, hohen schwarzen Hüten und langen schwarzen Gewändern. Äthiopier, die den ältesten christlichen Ritus pflegen. Noch weiter unten spähte ich in einem kleinen Raum über eine halbhohe Mauer und erblickte unter mir Europäer; sie unterhielten sich flüsternd in einer Sprache, die ich nicht erkannte.

Tief, wie aus meinem Brustkasten, ertönte ferne Musik. Die Musik kam von Leuten aus aller Welt, die in der oberen Kammer in ihrer jeweiligen Muttersprache mehrstimmig sangen. Die Musik durchzog das Gemäuer.

Nun stieg ich unzählige dunkle Steinstufen ins Herzstück der Kirche hinab, die im untersten Keller liegende Geburtsgrotte. Die Grotte befindet sich am Ende der verräucherten Treppe hinter einer Felsenhöhle viele Meter unter dem Straßenniveau. Hier war ich nun. Es roch nach nassem Sand. Es war eine schmale Höhle von gut drei Meter Breite mit einem Marmorboden. Dicht an dicht stehende dünne Kerzen, in der Hitze grotesk verformt, erleuchteten eine Ecke des Bodens. Man mußte sich einzeln unter Bögen aus Brokatbehängen niederknien und sich geduckt zwischen Dutzenden von üppig verzierten Hängelampen vorbeugen, um etwas zu erkennen.

In den erhöhten Marmorboden vor der Höhlenwand war ein vierzehnzackiger silberner Stern von gut sechzig Zentimeter Durchmesser eingelassen. Dieser silberne Stern war das X, das die Stelle markierte: Hier, genau hier, wurde einst das Kind geboren. Hier, wo Gott sich selbst entäußerte und Mensch wurde, nahmen zweitausend Jahre Christentum ihren Anfang. Tatsächlich sind viele christliche Theologen der Ansicht, »Jesus von Nazareth« müsse in Nazareth geboren sein. Die Evangelisten hätten seine Geburt nach Bethlehem verlegt, damit sie zu einer Prophezeiung paßte. Hier, jetzt, roch es schwer nach brennendem Öl. Es konnte eigentlich kaum jemandem entgehen, daß diese Lampen uns den Sauerstoff wegnahmen.

Im Mittelpunkt des silbernen Sterns war ein kreisförmiges Loch. Das war das Schwarze, das Ziel, das Gott einst anvisiert hatte.

Kauernde Menschen beugten sich vor, um mit ihren Fingern über den flachen Boden des Lochs zu streichen. Als ich an der Reihe war, kniete ich nieder, bückte mich unter einen Atlasbehang mit Fransen und langte über den halben Silberstern in das Loch. Drinnen fühlte ich so etwas wie weiches Wachs. Das Loch war knapp einen Zentimeter tief und fünfzehn Zentimeter im Durchmesser, ähnlich einer flachen Petrischale. Übrigens ist mir noch kein Theologe untergekommen, der behauptet hätte, Gott interessiere sich besonders für Religion.

Für meinen Geschmack atmet jedes x-beliebige Fleckchen Erde Gottes Gegenwart mehr als diese Marmorgrotte. Ich war beeindruckt von der Häßlichkeit des stumpfen, verbeulten Silbersterns. Die schweren, mit Quasten behängten Brokate, der Marmor, die Rauchfässer an ihren Ketten, das bestickte Antependium, der Weihwasserwedel, die Krummstäbe, die reichverzierten Lampen – für manche Menschen bestimmt der Inbegriff der Schönheit –, irgendwo war es auch urkomisch, daß Gott sich diesen ganzen kitschigen Pomp gefallen ließ. Andererseits, warum nicht? Es gibt auf Erden wahrhaftig Schlimmeres als schlechten Geschmack.

»An jedem Tag«, sagte Rabbi Nachman von Brazlaw, »ist die Herrlichkeit bereit, ihrer Erniedrigung zu entsteigen.«

Die Flammen der vielen Lampen erhitzten mein Gesicht. Unter den Altartüchern, in der Ecke, wo die steinerne Wand auf den Marmorboden stieß, gab es nichts anderes zu atmen als die Dünste der Öllampen und der versammelten Menschen. Hoch über meinem Rücken, durch viele steinerne Schichten von mir getrennt, hörte ich Leute singen. Wenn das Singen aufgehört hatte, hallten die alten Wände weiter nach, und alsbald setzte die nächste Gruppe den allgemeinen Singsang mit einer leisen, klaren Weise fort.

Im 4. Jahrhundert entstand unter den jüdischen Mystikern, die sich an Ezechiels Vision des Thronwagens entzündeten, eine Schrift, in der Rabbi Isaak sagt: »Von der Erde bis zum Firmament ist es eine Fünfhundertjahresreise... Die Dicke des Firmaments entspricht einer Fünfhundertjahresreise. Das Firmament enthält nur Sonne, Mond und Sterne... Die Wasser über dem Firmament sind eine Fünfhundertjahresreise breit. Vom Meer bis zum höchsten Himmel ist es eine Fünfhundertjahresreise. Dort befinden sich die Engel, die die Keduscha sagen.«

Der Text fährt fort, weitere Fünfhundertjahresreisen empor zu Sphären zu beschreiben, die jeweils die Dicke einer Fünfhundertjahresreise haben: zur Sphäre der Myriaden und Abermyriaden, die dem Fürsten über dem Firmament dienen, zur Sphäre des Baldachins der Thora, zum wiedererbauten Tempel, zu den Speichern des Schnees und den Speichern des Hagels und noch darüber zu den Schatzhäusern des Segens und den Speichern des Friedens. Über alledem liegt eine dicke Schicht voll von Flügeln und Hufen und dem Thronwagen des Gerichts. Über diesen sieben Himmeln und den sieben Räumen dazwischen befindet sich eine Schicht voller Flügel, die so dick ist wie alle sieben Himmel und sieben Zwischenräume zusammen, und »über ihnen ist der Heilige, gepriesen sei er«.

Ich stand wieder auf, rieb meine Finger aneinander und fand über weitere Steinstufen und weitere Geschosse hinaus auf die Straße, an die Sonne, in die Welt. Draußen wartete ein kleiner Touristenbus auf dem Parkplatz – vor dem einstigen Stall, wie ich mir einzureden versuche, aber in dem Moment kam mir diese Geschichte, das Paradox und der Skandal einer Inkarnation in einem Stall, nur noch abgeschmackt vor. Um so eindrücklicher war der Anblick der Menschen, Menschen aller Hautfarben in allen möglichen Trachten, die aus aller Welt hier zusammenströmten, um mit den Fingern über eine flache Mulde in einem buckligen silbernen Stern auf dem gesprungenen Marmorboden einer Höhle zu streichen.

Rabbi Menachem Mendel brachte im 18. Jahrhundert chassidische Lehren nach Palästina. Er sagte: »Dies habe ich im Lande Israel erlangt: Wenn ich auf der Straße ein Strohbündel liegen sehe, ist mir, daß es der Länge und nicht der Breite nach liegt, eine Äußerung göttlicher Gegenwart.«

Ich konnte nicht widerstehen. Ich sah, daß mir gerade genug Zeit blieb, um rasch noch einmal von dem Kleinbus in die Kirche, die Treppe hinunter in die Grotte zu laufen und mich dort vor den silbernen Stern hinter den Brokatbehängen zu knien, mich unter die Lampen zu legen und mit den Fingern über das schmierige Wachs zu reiben.

Konnte es Talg sein? Ich kam mir vor wie Harry Reasoner an der Chinesischen Mauer, der 1972 bei einer Live-Übertragung, um Worte verlegen, mit dem Satz herauskam: »So was ... äh ... so was Irres hab ich selten gesehen.«

Begegnungen Joseph nahm eine von meinen Zigaretten und bot mir eine von seinen an. Er war ein Palästinenser von Mitte fünfzig, mit glatten, ergrauenden Haaren. Die tiefen Falten in seinem Gesicht verrieten Gefühl. Wir rauchten vor dem Kleinbus, draußen in der Hitze. Früher am Tag hatten wir wie jeden Morgen nach dem Frühstück zusammen geraucht. Jetzt, zur Mittagszeit, warteten wir auf einem städtischen Parkplatz auf die andern, die losgezogen waren, um Schmuck zu kaufen.

Joseph war der Fahrer eines kleinen Touristenbusses. Wie achtzehn Prozent der Israelis war er Palästinenser. Wie fünfzehn Prozent der israelischen Palästinenser war er Christ. Er sprach Arabisch, Hebräisch und etwas Englisch. Beim Fahren sagte er nie ein Wort. Er trug bei jedem Wetter ein dünnes Baumwollhemd.

Nach unserer Zigarette machte ich mich zu dem Juwelier auf, bei dem die anderen sich nach dem Einkaufen im Foyer treffen wollten. Das Foyer hatte eine Klimaanlage und einen Automaten, aus dem man sich kalte Getränke ziehen konnte. Es war angenehmer, dort zu warten als auf dem Parkplatz, deshalb holte ich Joseph, der beim Bus geblieben war, und zog ihm eine Cola. Wir saßen weit auseinander auf verschiedenen Couches; ich kramte mein Buch hervor.

»Heute oder morgen abend«, sagte Joseph unvermittelt. »Ich lade Sie ein.«

Ich schaute auf; er sah meinen Blick.

»Vor Dinner, in Hotel, ich lade Sie ein.«

Auf seiner Couch am andern Ende des Raums wirkte Joseph freundlich und aufrichtig wie immer. Vielen Dank, sagte ich, aber ich werde mit meinen Freunden zusammenbleiben. Ich ging mir noch eine Flasche Wasser holen. Ich klappte mein Buch zu. Josephs faltiges Gesicht war ruhig und entspannt.

Haben Sie eine Familie zu Hause? Joseph bestätigte dies lebhaft: Ja, er habe eine Familie, erzählte er, eine langjährige Ehefrau, zwei Söhne und drei Töchter. Nach einer angemessenen Pause suchte ich Bilder von meinem Mann und meiner Tochter hervor und zeigte sie ihm. Wir saßen gemütlich beisammen; wir rauchten schweigend noch eine Zigarette.

Nach einer längeren Pause bemerkte Joseph sanft: »Wenn ich sage ›ich lade Sie ein‹, ich meine zu Drink. Nur zu Drink.«

Ach so. Ich lachte über das Mißverständnis. Tolerant, wie er war, lachte er mit.

»Ich lade Sie ein, nur zu Drink. In Hotelhalle.« Er lächelte. Ein ungezwungener Mensch. Als wir uns Wochen später voneinander verabschiedeten, schenkte er mir eine antike, vor Alter aufgequollene und verkrustete Münze, die ich hüte wie einen Schatz.

Denker Bei C. S. Lewis steht irgendwo – interessanterweise, erlösenderweise –, die Summe allen menschlichen Leids sei eine rein gedankliche Größe. Sich damit zu befassen sei sinnlos, weil niemand es je erleiden müsse. Mir fiel ein Stein vom Herzen. Es war mir leichter gefallen, mich mit der Wurzel aus minus eins zu befassen.

Warum müssen wir Verluste erleiden? Selbst Meister Eckehart bringt die lahme Rechtfertigung vor, Gott habe uns seine Gaben in dem Willen gegeben, »daß wir nichts zu eigen besitzen sollten ... Und um uns zu belehren und uns damit zu versehen, darum nimmt er uns oft beides, leibliches und geistiges Gut ... Was beabsichtigt aber Gott damit, daß er darauf so sehr erpicht ist? Nun, er will selbst allein und gänzlich unser Eigen sein.«

Ein *»tödliches Ärgernis«* nannte Teilhard den alten Glauben, daß unser Leiden vom allmächtigen Gott gesandt sei. Genauso ein Ärgernis sind Vernunftgründe. Sie hauen nicht hin. Die Allmacht Gottes ist sinnlos, wenn Gott damit zum Allverursacher gemacht werden soll. Es sind nicht die Schlechtesten, die sich an diesem Punkt völlig von Gott lossagen und das Kind mit dem Bade ausschütten, vielleicht weil sie sich in ihrer Jugend zum letztenmal mit Gott beschäftigt und ihre Ansichten über die Gottheit seitdem nicht mehr geändert haben. Sie ist keine gute Fee. Schon Thomas von Aquin entledigte sich des Problems des naturgegebenen Übels, indem er an Gottes Allmacht herumdokterte. Wie Freiherr von Hügel erläuterte, meinte Thomas, »daß die Göttliche Allmacht nicht als die Kraft aufgefaßt werden darf, jedes erdenkliche Ding zu bewirken, sondern nur als die Kraft, das zu bewirken, was in der Natur der Dinge liegt«.

Ähnlich nannte Teilhard Argumentationen, die davon ausgehen, daß Gott sich vorsätzlich verberge, um unsere Liebe auf die Probe zu stellen, »hassenswert«, »Spielereien des Geistes«. So »erklären uns die Doctores, der Herr verberge sich absichtlich, um unsere Liebe zu erproben. Man muß unheilbar den Spielereien des Geistes verfallen sein ... wenn man nicht fühlt, daß diese Lösung hassenswert ist.«

Übel Viele Male habe ich in christlichen Kirchen den Pfarrer zu Gott sagen hören: »Alle deine Taten zeigen deine Weisheit und Liebe.« Jedesmal hangele ich vergebens nach dem Mut, aufzustehen und zu rufen: »Das ist eine Lüge!« – einfach um die Dinge auf den Boden der Tatsachen zu stellen.

»Er hat Gewaltige von den Thronen gestoßen und Niedrige erhöht.

Hungrige hat er mit Gütern erfüllt und Reiche leer hinweggeschickt.«

Und Paulus schreibt an die Christen in Rom, »daß Gott bei denen, die ihn lieben, alles zum Guten führt«.

Wann soll das gewesen sein? Ich hab nichts davon mitgekriegt. In China, in Israel, im Jemen, in den ecuadorianischen Anden und im Amazonasbecken, auf Grönland, Island und der Baffininsel, in Europa, am Ufer der Beaufortsee im nördlichen Polarkreis und in Costa Rica, auf den Marquesas- und den Tuamotuinseln und in den Vereinigten Staaten habe ich gesehen, wie die Reichen sicher auf ihren Thronen saßen und die Hungrigen leer hinwegschickten. Wenn Gott sich auf die Vorbehaltklausel zurückzieht, er gebe nur geistige Dinge, dann dürfen wir hoffen, daß die Armen und Notleidenden reich an geistigen Gaben sind, wie es auf manche bestimmt zutrifft, aber auf einige der Wohlhabenderen auch. In einer Suppenküche sehe ich Not. Deus otiosus: ein Müßiggängergott, der, sofern er Macht hat, sie mißbraucht.

Natürlich hat Gott keine heiligen Schriften verfaßt, weder Gebote noch Gebete. Es wäre albern, wegen der abergläubischen oder sonstigen Behauptungen seiner Bewunderer mit ihm zu rechten oder zu brechen. »Gott steht nicht vor Gericht«, habe ich irgendwo einmal gelesen. »Wir treten nicht als Richter, sondern als Bittsteller vor ihn.«

Vielleicht bedeutet der Satz: »Alle deine Taten zeigen deine Weisheit und Liebe«, daß die herzlich wenigen Dinge, bei denen wir uns der Täterschaft

Gottes sicher sind, durchaus eindeutig von Weisheit und Liebe sprechen und daß an allen andern Ereignissen nicht Gott, sondern bloß der blinde Zufall schuld ist, genau wie es den Anschein hat.

Was ist also mit den vogelköpfigen Zwergenkindern? Wir müssen uns, meine ich, nicht davon irremachen lassen, daß wir natürliche Evolutionsprozesse durchmachen wie andere Lebewesen auch. Der Mechanismus der Evolution – die Gesetzmäßigkeit des Zufalls bei großen Quantitäten – unterliegt der statistischen Wahrscheinlichkeit, so daß er, um es mit dem Paläontologen zu sagen, »in jedem Augenblick ... eine bestimmte Menge von Leiden (Scheitern, Zerfall, Tod) freisetzt«. Das heißt, in der Evolution »wird aller Erfolg ... zwangsläufig mit einem großen Prozentsatz Mißerfolg bezahlt«. Um überhaupt zu leben, entrichten wir »einen geheimnisvollen Tribut an Tränen, Blut und Sünde«. Es wäre schwer, eine unanfechtbarere Erklärung für die Härten und Leiden zu finden, die uns die materielle Welt rein zufällig zufügt.

»Selbst wenn wir mit unserer ganzen Kraft glauben«, führt Teilhard weiter aus, »wird sich das Schicksal nicht notwendig so fügen, *wie wir es wollen*, sondern *wie es muß.*« Dieser Gedanke klingt bei Karl Rahner an, wenn er sagt, es sei eine moderne Häresie zu meinen, daß wir nur immer alles richtig machen müssen, um Situationen zu vermeiden, für die es keine irdische Lösung gibt.

Guy Simon war ein presbyterianischer Pfarrer in Michigan. Er segelte mit ein paar Freunden auf den Lake Charlevoix hinaus; das Boot kenterte, und ein Kind und ein Mann ertranken. Als er wieder an Land war, ging er am Strand auf und ab, schlug die Hände vor der Brust zusammen und rief: »Oh, pah! Oh, pah!«

Jetzt Es hat früher keine heroischen Zeiten gegeben, und es hat früher keine Menschengeneration gegeben, die rein und unbefleckt gewesen wäre. Hier auf Erden gibt es nur uns Kümmerlinge, niemanden sonst, und das ist immer so gewesen: ein betriebsames und mächtiges Volk, kenntnisreich, zwiespältig, wichtig, ängstlich und selbstbeobachtend; ein Volk, das intrigiert, protegiert, betrügt und erobert; das für seine Lieben betet und danach strebt, dem Elend zu entkommen und dem Tod von der Schippe zu springen. Die Vorstellung, ursprüngliche Völker eines goldenen Zeitalters hätten Gott persönlich gekannt – oder auch nur um Selbstlosigkeit, Mut oder Dichtung gewußt –, wir aber seien zu spät dran, ist entkräftend und verfälschend. In Wirklichkeit ist das Absolute für jeden zu haben, zu jeder Zeit. Es hat nie eine heiligere Zeit gegeben als die unsere, und nie eine unheiligere.

Es gibt in diesem Moment – jetzt, während du diese Worte liest – nicht weniger Heiligkeit als an dem Tag, als das Rote Meer sich teilte, oder an jenem Tag im dreißigsten Jahr, am fünften Tag des vierten

Monats, als sich vor Ezechiel, der unter den Verbannten am Flusse Chebar war, der Himmel auftat und er göttliche Gesichte sah. Unter dem Baum in deiner Straße ist die Erleuchtung kein bißchen ferner als unter dem Bo-Baum des Buddha. Es ist kein Fitzelchen weniger Macht im Himmel oder auf Erden als an dem Tag, als Jesus zur Tochter des Synagogenvorstehers sprach: »Mädchen, steh auf«, oder an dem Tag, als Petrus auf dem Wasser wandelte, oder in der Nacht, als Mohammed auf einem Pferd in den Himmel flog. In jedem Augenblick kann das Heilige dich mit dem Finger streifen. In jedem Augenblick kann der Dornbusch aufflammen, können deine Füße sich erheben oder kannst du einen Haufen Seelen auf einem Baum sehen. In jedem Augenblick kannst du der Kraft teilhaftig werden, deine Feinde zu lieben, Mißerfolg, Verleumdung oder einen schmerzlichen Verlust zu ertragen oder einer Folter standzuhalten.

Die Zeit der Reinheit ist immer jetzt. Reinheit ist kein gesellschaftliches Phänomen, kein Kulturgut, dessen Zeit wir verpaßt haben, dessen Generationen dahin sind, so daß uns nur übrigbleibt, Shakermöbel zu kaufen. An jedem Tag ergeht die Stimme Gottes vom Sinai, heißt es im Talmud. Von der ewigen Erfüllung sagte Tillich: Wenn sie nicht in der Gegenwart erlebt wird, kann sie gar nicht erlebt werden.

Es gibt oder gab in unseren Tagen einen religiösen Sonderling namens Joel Goldsmith, für dessen unlogische, selbstverlegte Bücher ich eine anhaltende Schwäche gestehen muß. Er sagt, daß Gott (von ihm »Es« genannt) einem nichts zu geben hat, was er (Es) nicht hier und jetzt gibt. Daß alle Menschen jederzeit dieses Gottes teilhaftig werden können und daß diejenigen, die darum wissen, keine Furcht kennen, nicht einmal die Furcht vor dem Tod. »Gott« ist das Bewußtsein des Unendlichen in jedem von uns. Unermüdlich beteuert Gott Joel Goldsmith (und deswegen kann ich Goldsmith, der zweifellos Amerikaner, wahrscheinlich Footballfan ist, nicht einfach abschreiben): »Ich bin auf dem Feld.«

Viertes Kapitel

Geburt Dieses Krankenhaus ist, wie jedes andere auch, ein Loch im Kosmos, durch das stoßweise Heiligkeit strömt. Sie strömt in beide Richtungen, in die Zeitlichkeit und wieder hinaus. Auf den Stationen über und unter mir liegen Männer und Frauen im Sterben. Ihre Herzen rasen, stolpern oder rasseln, ihre Nieren versagen, ihre Lungen verhärten oder laufen voll Wasser, ihre Gehirne verkalken oder verstopfen oder werden nicht mehr mit Blut versorgt. Ihr Bewußtsein erlischt wie ein Lampendocht. Weg sind sie, diese vielen wunderbaren und geliebten Menschen, der Tod zieht sie einen nach dem andern von den Lebenden ab – weltweit etwa 164 300 täglich, sechstausend am Tag in den USA –, und die Krankenhäuser schaffen ihre Körper fort. Gleichzeitig kommen, plauz pardauz, die vielen neuen Menschen, alle ersteinmal lächerlich gleich – in den USA etwa zehntausend am Tag –, als scheinbar armseliger Ersatz.

Am Waschbecken auf der Neugeborenenstation wickelt Schwester Pat Eisberg das nächste Paket aus.

Dieses Baby, ein kleines Mädchen, ist drei Wochen zu früh gekommen; es ist bläulich angelaufen und dick mit gelber Käseschmiere bedeckt, wie eine Kanalschwimmerin. Unter dem Waschlappen wird sie langsam rosig. Ich kann ihren Namen nicht lesen. Sie ist wach und still. Sie schaut sich augenscheinlich konzentriert um. Sie wirkt sehr aufmerksam und hat, scheint's, einen urwüchsigen Drang zum Denken.

Ihr Blick findet meine Augen, und sie sieht durch sie in mich hinein. Ich bin mir nicht sicher, ob ich einer solchen Prüfung standhalten kann, aber es geht doch, weil sie nur schaut, schlicht schaut, als musterte sie diese Welt aus einem neuen Blickwinkel. Sie schaut vielleicht zum erstenmal jemand in die Augen, aber ihr Blick ist gelassen, als wäre es ihr gleich, wessen Augen sie begegnet. Was spielt es auch für eine Rolle? Was in ihren Augen glänzt, ist das Leben, ein ruhiges Bewußtsein, durch dessen Ströme die Sehnerven mit dem arbeitenden Gehirn verbunden sind. Sie ist jemand, und sie weiß es; wie der rote Säugling auch.

Der Ernst dieses wachen Säuglings wirkt priesterlich; er ruft das Besondere dieses Plastikraums in Erinnerung. »Die Wiederholung«, sagte Martin Buber, »ist ohnmächtig vor der Ekstase.« Jetzt betrachtet das Neugeborene die Schwester, und es sieht aus, als segnete es die fleißige Wäscherin mit seinem ruhigen Bewußtsein. Ich möchte am liebsten dieses wache Baby umschreiten, als wäre es das Loch im silbernen Stern auf dem Höhlenboden oder der Stein in der Kaaba von Mekka, der Urquell des Mysteriums, der schwarze stumme Stein, der die

Menschen zu fragen nötigt: Warum gibt es überhaupt etwas und nicht vielmehr nichts? Und warum stellt sich uns diese Frage – uns Menschen, Teilchen, die diesen schwarzen Stein immerzu umkreisen? Warum stellt sie sich uns?

Was taugt die materialistische Naturwissenschaft als Philosophie oder Weltanschauung, wenn sie unsere Intelligenz und unser Bewußtsein nicht erklären kann? Über diese Frage hat Teilhard eine Menge nachgedacht. »Die Geologen, warum weiß ich nicht«, schrieb er scheinheilig, »haben sämtliche konzentrischen Sphären untersucht, von denen die Erde gebildet wird, nur eine nicht: die Schicht des menschlichen Denkens.« Da es, wie er sagte, »kein anderes Denken als das menschliche Denken gibt«, wie sollen wir da einer Philosophie Glauben schenken, die den Menschen nicht zum »Schlüssel des Universums« macht? Vor einer Generation wurde diese Anschauung von Biologen als anthropozentristisch beschimpft. Heute beschimpfen einige sie als »spezizistisch«. Denn sind wir nicht Produkte der Evolution? Und Primaten?

Dieser Denkungsart zufolge kamen vor ungefähr elftausend Jahren ein paar clevere jagende menschliche Primaten – die Steinspeere herstellten, Bilder malten und sprachen – auf eine neue Idee. Sie droschen reife Samenkörner aus umgepflanzter wilder Gerste oder Einkornweizen und horteten sie trocken an ihrem Lagerplatz im Sagrosgebirge. Da der Verzehr gemahlener Samenkörner die Familien am Leben hielt, wenn das Jagdglück ausblieb, ließen sie sich an dem Ort fest nieder, pflanzten mehr Samen an, warteten geduldig ihr Sprießen ab, und dann kam irgendwie eins zum andern, so daß wir, potzblitz, heute hier sitzen, ich an meinem Laptop, du mit einem Buch in der Hand. Im Grunde sind wir genau wie die Eichhörnchen, oder nein, eher wie Gibbons, nur daß wir zufällig Werkzeuge benutzen, sprechen und schreiben; auf Kunst und Wissenschaft sind wir per Zufall gekommen. Wir sind Tiere wie die andern, die Sorte, deren Neokortex gewuchert ist, die rein zufällig Enzyklopädien verfaßt und zum Mond fliegt. Kann das wirklich irgend jemand glauben?

Ja, weil die kulturelle Evolution schnell vonstatten geht, mit exponentiell wachsender Geschwindigkeit oder, weniger exakt ausgedrückt, explosionsartig. Die biologische Evolution braucht Zeit, weil sie an biologische Generationen gekoppelt ist, an das sterbliche, sich fortpflanzende Geschöpf als Reproduktionseinheit. Sobald jedoch der nackte Affe zu sprechen beginnt, wird – wie der Anthropologe Gary Clevidence sagt – »der Mund zur Reproduktionseinheit«. Information und Komplexität entwickeln und vervielfachen sich so schnell, daß die Druckerpresse fast als Zugabe zu unseren zehn Milliarden Hirnneuronen und ihren sechzig Billionen Verbindungen in die Welt tritt. Die positivistische Wissenschaft ist, theoretisch, in der Lage, das ganze Spektrum des Menschlichen zu erklären, selbst unsere sechs Milliarden einzigartigen Bewußtseinsschattierungen mitsamt unserer Liebe zueinander und zu Büchern.

Die Wissenschaft wäre, wenn sie sämtliche Daten besäße, vermutlich in der Lage, die rein physischen

Abläufe zu beschreiben, die es unserer Spezies ermöglicht haben, Flugzeuge zu bauen und zu fliegen, Gedichte zu schreiben, Daten in Silizium zu kodieren und den Jupiter zu fotografieren. Doch die Wissenschaft fischt in anderen Gewässern. Die Wissenschaft (wie die Philosophie) hat das weite, abgrundtiefe Meer des Bewußtseins und der Kultur umschifft. Auf anderen Gebieten ist die Datensituation besser. Wir wollen trotzdem einmal einräumen, unsere Menschenwelt sei eine Schrulle der Materie. Wir wollen von der schlagenden Wahrheit absehen, daß du ein Kulturobjekt in Händen hältst, eines von vielen, auf die dein Blick ringsum fällt. Wenn demnach die menschliche Schicht, in der wir unser Leben fristen, ein Epiphänomen im mechanischen Treiben der Natur ist, wenn die Wissenschaft der menschlichen Kultur wenig Aufmerksamkeit widmet, wenn die Wissenschaft erst kürzlich begonnen hat, sich des menschlichen Bewußtseins anzunehmen, und es, wenn überhaupt, anderen Disziplinen überläßt, das menschliche Denken zu studieren – dann ist sie, so recht sie haben mag, noch lange nicht in der Lage, das Problem anzugehen, das uns am brennendsten interessiert: Was machen wir hier eigentlich?

Teilhards Vorstellung bewegt sich, wie die der Chassidim, von oben nach unten und entbehrt somit aller Respektabilität: Niemand kann den Geist von der Materie her erklären (weshalb die Haltung der Wissenschaft einleuchtet), aber die Materie läßt sich durchaus vom Geist her erklären. Da sie vom Geist ausgehen, von Gott, fällt es diesen und anderen unpopulären Denkern nicht schwer, unsere Rolle und unseren Daseinzweck festzumachen, auszuspinnen oder zumindest als Problem anzugehen.

Eine gängige Vorsichtsmaßregel verbietet es, jemanden unter vierzig die Kabbala zu lehren. Kürzlich riet ein orthodoxer aschkenasischer Immigrant in Guatemala seinem erwachsenen, nicht religiösen amerikanischen Enkel: »Wenn du die Kabbala verstehen willst, mußt du dich mit dem Sohar und einem Pfund Kokain in ein Zimmer einschließen.« Das erstaunte den Enkel und erzürnte seinen Vater, den Sohn des alten Immigranten.

Wenn der Hohepriester am Versöhnungstag das Allerheiligste betritt, binden andere Männer ihm eine Schnur ans Bein, damit sie ihn, falls er stirbt, herausziehen können, ohne selbst hineingehen zu müssen. So steht es im Sohar. Denn wenn der Hohepriester den heiligen Namen und den Segen spricht, senkt sich das Göttliche hernieder und schlägt ihn.

Schwester Pat Eisberg, eine zierliche junge Frau, hat voluminöse grünweiße Joggingschuhe an den Füßen; die Schuhe sind fast so groß wie das wache, leicht bläuliche Neugeborene. Das kleine Mädchen liegt sicher in den Händen der Schwester und blickt mit seinen brunnentiefen Augen langsam in alle Richtungen, als prägte es sich die Schwester, die Lampe, die Decke, mich und das Waschbecken ein. Pat Eisbergs Fingerspitzen werden im Wasser schrumplig. Sie wäscht das Baby sorgfältig, verpackt es und schiebt es nach rechts ans Ende der Wickelfläche.

Als Krischnas Mutter diesem in den Mund sah, erblickte sie in seiner Kehle den Nachthimmel mit sämtlichen Sternen des Weltalls. Sie sah »die äußersten Enden des Himmels und den Wind und den Blitz und den Erdball ... und sie sah ihr eigenes Dorf und sich selbst«. Wordsworths Bild der »trailing clouds of glory« bezieht sich auf Neugeborene: In ihrem Kommen von Gott ziehen sie »Wolken der Herrlichkeit« hinter sich her. Diese eben erst auf die Welt gekommenen Kinder – die auf der Wickelfläche zur Linken wie die Frischgewaschenen zur Rechten – sind aufmerksam und neugierig. Keines von ihnen weint. Sie bewegen ihre Augen und schauen sich gemächlich um. Sie sprechen nicht, so wie Bäume nicht sprechen. Doch sie wirken weise, als ob sie wüßten, daß ihre neue Welt, so seltsam sie sein mag, nur die nächste Wandelgestalt in einem fortwährenden Wunderstrom ist, den sie seit Anbeginn kennen.

Im Talmud heißt es, daß Ungeborene im Mutterschoß über die Thora belehrt werden und sie auswendig lernen. Auch blicken sie unmittelbar vor der Geburt von einem Ende der Welt bis zu ihrem anderen Ende hin, sehen ihre gewaltigen Zeiträume und ihre Massen der Völker, wie sie die Generationen unter sich in den Staub treten. Diese ungeborenen Kinder sind in einem heiligen Zustand. Doch in dem Moment, wo es geboren wird, kommt zu jedem ein Engel und schlägt es auf die Lippen, so daß es das Gelernte ganz und gar vergißt und sich in das verirrte Menschengeschlecht einreiht. »Durch dieses ›Vergessen‹ wird es natürlich entheiligt«, bemerkt Lis

Harris, weshalb seine genauso »vergeßlichen« Mitmenschen ihm »zum Trost« ein Fest feiern.

In wenigen Stunden wird dieses sibyllinische Neugeborene hier im Krankenhaus seine Wachheit verloren haben. Die Kleine wird die Augen nur noch gelegentlich aufmachen. Sie wird Schwierigkeiten haben, Dinge zu fixieren. Ihre Freude wird später erwachen, falls sie am Leben bleibt, und ihre Liebe noch später. Einstweilen wird sie schlafen und weinen und saugen und auch so wunderbar genug sein.

Die Schwester wischt sich mit dem Ärmel über die Stirn. Die Lampen sind heiß. Sie greift nach dem nächsten.

»Jetzt du«, sagt sie.

Sand Die mykenischen Griechen nannten die Toten »die Durstigen« und ihre Stätte »das trockene Land«.

Je mehr ein Sandkorn annähernd kugelförmig ist, um so älter ist es. »Ein Fluß braucht durchschnittlich eine Million Jahre, um ein Sandkorn hundert Meilen weit zu befördern«, weiß James Trefil zu berichten. Während ein Sandkorn über den Grund eines Flusses kullert – während es Millionen Jahre lang purzelt, stilliegt und wieder weiter purzelt –, werden ihm einige seiner rauhen Kanten abgeschliffen. Früher oder später wird es dann in eine Wüste geweht. In der Wüste trägt kein Wasser sein Gewicht mit. Wenn es in die Luft wirbelt, landet es hart. In der Wüste wetzt es sich selbst rund. Die allermeisten runden Sandkörner auf der Welt, wo immer man sie findet, sind irgendwann in ihrer Vergangenheit in einer Wüste herumgeflogen. An Dünen und Stränden schleudert der Wind Sandkörner gegeneinander und gegen Felsen. Und weil Felsen und andere Sandkörner die Oberfläche abstoßen, glitzert windverwehter Sand nicht so wie junger Flußsand.

»Wir leben inmitten von Gedanken und Dingen, die unendlich viel älter sind, als wir denken«, sagte Teilhard. »Und gleichzeitig ist alles in Bewegung.«

Kieselschiefer, Feuerstein, Achate und Quarze können scharfe, nur wenige Atome dicke Schnittkanten bilden. In vorgeschichtlicher Zeit stellten Menschen lange, ovale Messer her, die diese unübertreffliche Schärfe besaßen, und machten sie absichtlich so dünn, daß sie nicht mehr zum Gebrauch taugten. Einige dieser Menschen – von der Gattung Homo sapiens – lebten vor ungefähr achtzehntausend Jahren bei Temperaturen unter Null ohne wetterfeste Behausungen in Zentralfrankreich. Wir haben ihrer findigen Kultur den Namen Solutréen gegeben; sie währte nur etwa dreitausend Jahre. Diese Menschen erfanden Pfeil und Bogen, die Speerschleuder und die Nähnadel – mit deren Hilfe Kleidung eine soviel bessere Paßform bekam als umgehängte Felle. (Er ist so findig – wie der Ehemann in »Making Whoopee« –, er kann sogar nähen.)

Die Handwerker des Solutréen stellten unnachahmliche gelbe, wie lange, schmale, spitze Blätter geformte Klingen her. Die längste dieser Klingen ist fünfunddreißig Zentimeter lang, an der dicksten Stelle zehn Zentimeter breit und nur einen guten halben Zentimeter dick. Die meisten von ihnen haben etwa die Maße eines Seezungenfilets. Sie sind mit Hilfe einer feinen oberschlächtigen Abschlagtechnik behauen, die Douglas Preston zufolge »in erster Linie einen intellektuellen Prozeß darstellt«. An der Medizinischen Fakultät der Universität von Michigan benutzte ein moderner Chirurg eine dieser Klingen, um den Unterleib eines Patienten zu öffnen; sie habe einen glatteren Schnitt gemacht, sagte er, als seine besten Stahlskalpelle. Ein anderer Wissenschaftler schätzte, eine Feuersteinklinge aus dem Solutréen sei hundertmal schärfer als ein Stahlskalpell. Ihre Kante zerschnitt nur wenige Zellen und hinterließ kaum eine Narbe. Und bei dem immer wieder lesenswerten Schriftsteller John Pfeiffer steht, daß kürzlich ein Rancher aus Arizona einen Bären mit einem Obsidianmesser abhäutete und dafür statt der üblichen dreieinhalb Stunden nur zwei Stunden brauchte; er habe kein einziges Mal Druck ausüben müssen, erklärte er.

Halte eines dieser Feuersteinmesser gegen den Himmel. Es ist lichtdurchlässig. Es schimmert trüb, weich golden – in der Mitte bräunlich und zu den Rändern hin, wo sich die Farbe klärt, gelb. Entlang der gesamten beidseitig abgeflachten Kante der Spitzbogenform, in jeder Mulde des Steins, verjüngt sich die Klinge von durchscheinend zu durchsichtig. Du siehst deine Haut und den Himmel. Am äußersten Rand geht die Klinge unsichtbar in die Außenwelt über. Sie endet, vom bloßen Auge nicht mehr zu erkennen, in einem einzelnen Atom.

Die Herstellung jedes dieser feinen, aberwitzigen Werkzeuge erfordert Hunderte von Schlägen. Bei jedem Schlag und jedem Druck kann der spröde Feuerstein – wie die vielen gefundenen Scherben bestätigen – brechen. Der Verfertiger wußte, daß er mit jedem Klopfen das Werk vieler angespannter Stunden zunichte machen konnte. Der Verfertiger arbeitete bei extremer Kälte. Er wußte, daß niemand je die meisterhaften Klingen benutzen würde. Er hütete sie, und seine Nachfahren hoben sie ihrer Perfektion wegen auf und ließen sie heil. Jedem Menschen auf Erden bedeutet ihr Anblick: Irgend jemand ist auf die Idee gekommen, dieses schwierige, unmögliche, wunderschöne Ding anzufertigen, und hat es vollbracht.

Neuer Sand ist jung und scharfkantig. Mancher Sand in Gehwegritzen schneidet einem glatt die Finger auf. Der Geologe Philip H. Kuenen, der dem Sand sein gesamtes Forscherleben widmete, errechnete, möglicherweise ungenau, daß auf der Erde jede Sekunde eine Milliarde scharfe neue Sandkörner – allein aus Quarzgestein – dadurch entstehen, daß die alten Kontinentalsockel bröckeln. In diesem Tempo bildet sich Sand seit Urzeiten. Nur ein winziger Bruchteil dieses Sandes endet an den Stränden und in den Wüsten. Weshalb sind wir dann nicht alle unter Dünen begraben? Weil Sand sich in Talbecken sammelt, deren Böden sich absenken. Druck verkittet einen großen Teil zu Sandstein, wenn sich tektonische Platten übereinander schieben wie eine Hand über die andere.

Freiliegender, emporgehobener Sandstein kann natürlich wieder verwittern. In Österreich steht eine neunhundert Jahre alte Sandsteinburg, die nach und nach wieder zu Erde wird. Wind und Wetter haben die Außenmauern in Lehm verwandelt, in dem Gras wächst.

Sandkörner wirbeln durch die Wüste und stoßen sich die Ecken und Kanten ab. Kuenen ging so weit, sich auszurechnen, wieviel Wüste die Erde »braucht, um die durchschnittliche Menge runder Körner weltweit konstant zu halten (als Gegengewicht zu dem jährlich neu hinzukommenden scharfkantigen Sand)«, nämlich, wie in seinem Buch *Sand and Sandstone* nachzulesen ist, 2×10^6 Quadratkilometer. Woraus sich logisch folgern läßt, daß, sollte es Erosion und Dürre nicht gelingen, zum Beispiel in Afrika in angemessenem Tempo neue Wüsten zu schaffen und dabei ganze Bevölkerungen durch Hungersnöte auszulöschen, es zu einem Mißverhältnis zwischen der Weltmenge des runden Sandes und der Weltmenge des scharfkantigen Sandes käme.

Freiwillige in Hungergebieten und Rettungshelfer, die Menschen aus Trümmern und Wracks befreien, berichten, daß Leute am Rande des Todes einen bestimmten Ausdruck in den Augen haben. »Circling the drain«, sagen sie dazu – wie im Abflußstrudel.

Eine Frau im römischen Reich hatte einen lasterhaften Sohn – einen erwachsenen Sohn, intelligent und temperamentvoll, der sein Leben damit vertat, unglückseligen eitlen Genüssen hinterherzulaufen. Sie betete für ihn und weinte dabei so sehr, daß ihre Tränen, nach der späteren Schilderung dieses Sohnes, »strömend den Boden unter ihren Augen benetzten, wo immer der Ort ihres Betens war«. Zu jener Zeit, im 4. Jahrhundert, beteten die Leute gemeinhin bäuchlings auf der Erde liegend. Sie suchte einen Priester auf und bat ihn, ein Gespräch mit ihrem Sohn zu führen. Der Priester lehnte das ab. Hab nur Geduld, riet er ihr und fügte hinzu: »Nun geh und laß mich! So wahr du lebst, es ist unmöglich, daß ein Sohn solcher Tränen verlorengeht.«

Es ist jedoch durchaus möglich. Die Söhne vieler Tränen sind verlorengegangen und werden weiter verlorengehen.

Anscheinend meinte sogar der Priester, unsere Wünsche könnten Gott rühren und seine Hand zwingen. Oder meinte er, Gott belohne tugendhaftes Verhalten?

China Der Paläontologe Pierre Teilhard de Chardin war außerdem jesuitischer Priester und Verfasser von Büchern. Die Theologie und Kosmologie, die der Motor seines Denkens und Schreibens waren, sind nicht sein stärkstes Vermächtnis, sowenig wie die Theologie und Kosmologie von William Butler Yeats das seine. Er schrieb achtzehn Bücher. Die bedauerliche Berühmtheit, die sein langweiliges, nebulöses und unglaublich abstruses *Der Mensch im Kosmos* vor dreißig Jahren genoß, und die mitunter völlig überdrehte Schwärmerei seiner Bewunderer, darunter einiger wirrköpfiger New-Age-Jünger, haben sein kluges, einleuchtendes und schönes *Göttliches Milieu* und die kurzen, prachtvollen literarischen Essays »Die Messe über die Welt« und »Das Herz der Materie« in den Hintergrund treten lassen. Die Welt kann und mag nur selten Kunst von bloßer Meinungsäußerung unterscheiden. Man wollte seine Meinungen haben, also lieferte Teilhard sie, und ihre höchst unerquicklichen Begriffsprägungen wie auch die Spinner, die sich davon angesprochen fühlten, bewegten möglicherweise einige Leute von klarem Verstand dazu, ihn zu verwerfen, ohne ihn zu lesen.

Er studierte vier Jahre lang Theologie und bekannte, daß er das Studium nicht *bien amusant* fand. Er unterrichtete Chemie und Physik in Kairo; an der Sorbonne machte er sein Examen außer in Geologie auch in Botanik und Zoologie. Zum Doktor der Naturwissenschaften promovierte er über Säugetiere des unteren Eozäns in Frankreich.

Seine Anschauungen brachten ihn in Konflikt mit der römischen Kirchenobrigkeit. In den zwanziger Jahren war der Evolutionsgedanke nach kirchlichem Zeitmaß noch eine neue Geistesströmung; er war noch nicht durch Roms Brokatschichten gedrungen. Die Vorstellung der biologischen Evolution schien gegen die alte Lehre von der Erbsünde zu verstoßen. Nachdem Teilhard in Paris Vorlesungen über Evolutionstheorie gehalten hatte, machte die Kirche in Rom ihn mundtot. Sie verbot ihm, in seiner Lehrtätigkeit und in seinen Publikationen andere als strikt naturwissenschaftliche Themen zu behandeln. Er gehorchte. Von seinen achtzehn Büchern durfte nur eines zu seinen Lebzeiten das Licht der Welt erblikken, eine kurze spezialwissenschaftliche Monographie, veröffentlicht in Peking. Es gefiel den Kardinälen außerdem, auch seine Person in der Versenkung verschwinden zu lassen. Sie verbannten ihn nach China, beim zweiten Mal praktisch für den Rest seines Lebens. Damals war er zweiundvierzig. Obwohl er sich nach Frankreich, nach seiner Pariser Lehrtätigkeit, seinen jesuitischen Brüdern und seinen Freunden zurücksehnte und er stets mit einem Leben in den Vereinigten Staaten liebäugelte, mußte er dennoch nach und nach begreifen, daß sein Gehorsamkeitsgelübde von ihm verlangte, noch weitere zweiundzwanzig Jahre der westlichen Welt zu entsagen.

Jahr für Jahr ersuchte er darum, sein Werk veröffentlichen zu dürfen; Jahr für Jahr verweigerte Rom die Erlaubnis. Jahr für Jahr ersuchte er darum, nach Frankreich zurückkehren zu dürfen; Jahr für Jahr verweigerte Rom die Erlaubnis. Schließlich gestattete Rom ihm einen Frankreichaufenthalt, als er fünfundsechzig war; er hatte einen Herzinfarkt gehabt. Das Publikationsverbot blieb bestehen. Als man ihm eine interessante Lehrstelle anbot, begab er sich persönlich nach Rom, um die Erlaubnis zu erwirken; Rom verweigerte sie ihm. Er reiste in die USA, nach Südamerika und nach Afrika, und er besuchte Paris, um seine Gedanken mündlich zu verbreiten. Noch als er dreiundsiebzig war, kurz vor seinem Tod durch

Herzversagen in New York, verbot ihm Rom, zu publizieren, zu lehren und nach Frankreich zurückzukehren.

Warum ließ er sich das gefallen? Einer seiner Kollegen sagte, er habe »die Ungeduld eines Propheten« besessen. Wann hätte er Ungeduld gezeigt? Seine Kollegen und viele seiner Freunde redeten ihm zu, die Jesuiten zu verlassen. Er trug sich jedoch nur wenige Wochen mit dem Gedanken, aus dem Orden auszutreten. Die Zügel abzuwerfen hätte für sein Empfinden bedeutet, sein Christentum zu verraten. Die Leute würden – Gott bewahre! – meinen, er würde von der Kirche abirren. Seine Brüder bei den Jesuiten verteidigten ihn und seine Anschauungen. Den Orden zu verlassen hieße, befand er, »alles zu töten, was ich befreien und nicht zerstören will«. Die katholische Kirche, schrieb er im hohen Alter, ist immer noch unsere höchste Hoffnung auf eine Brücke zu Gott, auf die Verwandlung des Menschen und darauf, der Evolution aus seiner Sicht einen Sinn zu geben; sie ist »die einzige internationale Organisation, die funktioniert«.

Er hatte sein Leben von ganzem Herzen hingegeben, ein ums andere Mal; daher beklagte er sich nicht. Als er erfuhr, daß Rom über *Das göttliche Milieu* ein Publikationsverbot verhängt hatte, ließ er sich allerdings dazu hinreißen, einem Freund privat zu schreiben, es sei »schade«. Und im Jahr vor seinem Tod ließ er, wie so mancher Geistliche, Dampf ab, obwohl er gleichzeitig in aufrichtigen Briefen erklärte, Rom sei die höchste Hoffnung der Menschheit. Er schrieb an einen Freund: »Es ist ... die Sünde

Roms, nicht an die Zukunft zu glauben ... Ich weiß es, denn ich habe fünfzig Jahre lang in dieser untermenschlichen Atmosphäre nicht frei atmen können.« Er war anscheinend im einen wie im andern Sinne fest überzeugt. Später billigte das 2. Vatikanische Konzil stillschweigend die meisten seiner Ansichten.

Über die Osage-Indianer der nordamerikanischen Prärie schrieb John Joseph Mathews: »Sie haben den Mann am Kreuz übernommen, weil sie ihn verstehen. Er ist sowohl Chaso [der Himmlische] als auch Hunkah [der Irdische]. Seine Fußspuren sind auf den Peyotealtären, und sie sind tief wie die Fußspuren von einem, der gesprungen ist.«

Der chinesische ch'an-buddhistische Meister Hung-jen aus dem 7. Jahrhundert riet: »Arbeitet, arbeitet! ... Arbeitet! Verschwendet keinen einzigen Augenblick! ... Werdet ruhig, werdet still, werdet Herr über die Sinne! ... Arbeitet, arbeitet! Zieht alte Sachen an, eßt einfache Speisen ... Tut so, als wüßtet ihr nichts, als könntet ihr nicht reden. So spart ihr am meisten Kraft und seid dennoch wirksam.«

»Das einzige, was wirklich zählt, ist gläubiges Handeln«, schrieb Teilhard. »Es lohnt nicht, sich mit persönlichem Erfolg oder persönlicher Befriedigung aufzuhalten.«

Wolken Am 25. Oktober 1870 (Schliemann hatte gerade mit der Ausgrabung Trojas begonnen) sah Gerard Manley Hopkins Wolken am Himmel über England: »An einer mächtigen Auftürmung über dem Pendle bauschten sich überall zarte schneeweiße Flausche, von Blütenschatten schraffiert.« Hopkins hatte ein dreijähriges Philosophiestudium in Lancashire als zweiten Teil seines Noviziats bei den Jesuiten begonnen. Sein Tagebuch über diese Jahre konzentriert sich auf die täglichen Wolken und in geringerem Maße auf Bäume.

22. April 1871: Wolkenwanderer, »einer hinter dem anderen schreitend, die Ränder zerflattert in leuchtendes Gefaser«. Hopkins war siebenundzwanzig Jahre alt. Wer waren diese einzelnen Wolken?

Am 13. Juni des selben Jahres sah er über Whalley eine Drift roter Wolken davonschwimmen. »Was man konzentriert anschaut, scheint zurückzuschauen.« Stimmt das? Oder ist es eines der vielen Epigramme, die nur scheinbar stimmen? Ich glaube nicht, daß es stimmt.

Juli 1871: »der mächtigste Wolkenturm ... an den ich mich überhaupt erinnern kann ... Er bestand aus zwei Teilhaufen mit einigermaßen planen Ober- und Unterseiten ... wie zwei Wagen oder beladene Anhänger. Der linke war roh geformt ... wie die wehenden Ringellocken eines Widdervlieses.«

Während er diese Beobachtung in seiner Stube niederschrieb, hörte er »immer wieder einmal die Totenuhr ticken. Es geht immer ein paar Sekunden lang.« Die Totenuhr ist nichts weiter als ein Klopfkäfer.

Zahlen Womit warst du beschäftigt, als am 30. April 1991 mehrere aufeinanderfolgende Flutwellen 138 000 Menschen ertränkten? Wo warst du, als du die erstaunliche, bestürzende Nachricht hörtest? Wer hat sie dir erzählt? Was war dein erstes Gefühl, was deine späteren? Wem hast du davon erzählt? Hat deine Pein Tage oder Wochen angehalten?

Mein Lebtag habe ich diesen Anblick geliebt: eine stehende Welle im Kielwasser eines Bootes, spitz zulaufend wie ein Dorn. Ich habe sie schon aus vielen Meeren aufsteigen sehen, und nun sah ich sie auf dem See Genezareth. Sie bildete einen gut dreißig Zentimeter hohen Kamm. Oben am Kamm brach die stehende Welle, und Schaum schoß abwärts in das glitzernde Tal. Ich betrachtete die schäumende Welle auf der Backbordseite. Unablässig schoben wir den Bootsmotor, diese Bewegung, in neues Wasser vor. Wie jäh von Leben durchströmt mußte Wassermasse um Wassermasse sich auffalten und diesen gleichen Wellenkamm bilden. Jeder Kamm fiel in sich zusammen und blieb als Bahn aus weißem Schaum zurück. Noch während sie über die dunkle Wellenwand rutschten, platzten die einzelnen Schaumblasen und vereinigten sich wieder mit dem allgemeinen Wasser. Sie verloren sich in einem fort, und in einem fort warf sich neues Wasser auf, brach, schäumte und fiel zurück.

Was ich da sah, war der konstante Schnittpunkt zweier Wellensysteme. Lord Kelvin hat ihn als erster beschrieben. Transversale Wellen steigen achtern auf und entfernen sich parallel zur Fortbewegungsrichtung vom Boot. Auseinanderstrebende Wellen breiten sich V-förmig hinter dem Boot aus. Wo die Wellen aufeinandertreffen, halten sich zwei stehende Kammlinien im unveränderten Winkel eines Pfluges, der die Furche des Kielwassers zieht. Ich betrachtete die höchste der stehenden Wellen unmittelbar hinter dem Boot. Sie erhob sich aus dem Tal hinter dem Heck und spuckte Schaum. Die schlingernde Welle faltete sich über klarem Wasser auf und stürzte in sich zusammen. Die Schaumblasen zerplatzten zu Tausenden in jeder Sekunde, ohne Ende. Ich konnte der Gegenwart zusehen; ich konnte die Zeit sehen, und ihr Vergehen.

An einer Küste brechen 8 000 Wellen am Tag. Diese Zahl liefert uns James Trefil. Zu jedem Zeitpunkt bedeckt der Schaum brechender Wellen zwischen 3 und 4 Prozent der Erdoberfläche. Geht man von 4 Prozent aus, so ergibt das eine Schaumdecke von der Größe des gesamten nordamerikanischen Kontinents. Ein weiterer Zufall will es, daß die Bevölkerung der USA im annähernd gleichen Verhältnis zur Weltbevölkerung steht: 4,6 Prozent. Mit andern Worten, obwohl sie weltweit die drittgrößte ist, macht die US-Bevölkerung nur einen etwa genauso kleinen Anteil der Menschen auf der Erde aus wie der weiße Schaum brechender Wellen von der Oberfläche des Planeten. Und auch der ganze nordamerikanische Kontinent nimmt nicht mehr Fläche ein als Wellenschaum.

»Gott steigt aus dem Meer auf wie ein Schatz in den Wellen«, schrieb Thomas Merton.

Am 30. April 1991 brauchte es nur ein paar Taifunwellen, um 138 000 Bangladescher zu ertränken. Wir sehen Generationen von Wellen aus dem Meer aufsteigen, das sie hervorbringt, Milliarden individueller Formen auf einmal; wir sehen sie ausschwappen und wieder zurücksinken. Was ruft dein Mitgefühl hervor?

Israel Wenn der Messias kommt und die Welt zu Ende geht, wird der Schofar vom Tempel aus laut erschallen, und die am Ölberg – vor der alten Jerusalemer Stadtmauer – begraben liegen, werden die ersten sein, die erwachen und ins Paradies auffahren. Die an anderen Orten auf dem Planeten begraben liegen, werden sich, der Überlieferung zufolge, »durch die Erde wälzen«, bis sie dort ans Licht kommen. Deshalb haben viele Leute ihre Nachkommen gebeten, sie am Ölberg zu begraben, damit sie nicht die qualvolle »Wälzung« erdulden müssen. Ein Antwerpener Chassid erklärte dem interessierten Schriftsteller Robert Eisenberg unlängst: »Ein Begräbnis in Israel erspart einem den Schlepenisch.«

Alljährlich sterben sechzig Millionen Menschen, die Hälfte davon sind Kinder unter fünf Jahren. Alle hundertzehn Stunden kommen eine Million mehr Menschen auf der Erde an als tot in die Erde eingehen. Von jeden fünfundsiebzig heute in den USA geborenen Kindern wird eines in einem Autounfall umkommen.

»Maximale Spannung erlebt ein Mensch, wenn er dem Tod gegenübersteht und ihm zu trotzen versteht, während andere ihm vor seinen Augen zum Opfer fallen.« So Ernest Becker in *The Denial of Death*. In Henry James' *Bildnis einer Dame* sagt Ralph Touchett: »Wir fühlen uns niemals lebendiger, als wenn wir andere sterben sehen. Das ist der Inbegriff von Leben – das Gefühl, daß wir noch da sind.« Mit diesem Gefühl stehe ich am Heck und schaue aufs Kielwasser.

Spürst du, hier wo wir sind, was Becker »das Beben der Panik unter der Oberfläche« nennt? Beben die Toten unter der Oberfläche, und werden wir uns eines Tages in der Erde herumwälzen und um uns schlagen? Ich meine keine derartige Panik zu spüren, so sehr ich mich auch bemühe, außer zufällig in Momenten, in denen ich daran glaube, daß ich sterben werde.

Begegnungen Ich wanderte durch eine weite, unwirtliche Landschaft. Ein Bächlein rann zwischen Felsen dahin; weiter unten wuchs grünes Gestrüpp an seinen Ufern. Das Bächlein war der berühmte Jordan, und dieses Wasser strömte aus seiner Quelle, wo drei zeitweise ausgetrocknete Rinnsale zusammentrafen. Die letzten Menschen, an denen ich vorbeikam, sprachen niederländisch. Der Himmel spannte sich weit von Horizont zu Horizont. Es war kein Wölkchen und kein Vogel zu sehen.

Die sonnenverbrannte Landschaft sah aus wie die Welt am ersten Schöpfungstag, als Regen auf Lava fiel. Sie sah aus wie die Weite des nackten Urseins, in dem sich die allerersten Triebe künftiger Fülle regten. Ich nahm einen steinigen Pfad flußan, wo keine Pflanzen grünten. Neben dem Pfad floß ein einzelner Wasserlauf. Alsbald verjüngte sich der Jordan zu einem sandigen Band, das ich mit einem Schritt überwinden konnte. Vor mir tauchte die farblose Stelle auf, an der er aus dem Boden trat, die eigentliche Quelle.

Ein feuchtes Stück Stein in der Spalte einer niedrigen Felswand. Hier sickerte ein Rinnsal durch die Erdkruste. Die Sickerstelle verbreiterte sich zwischen den Steinen und bildete zu meinen Füßen ein Wasserloch. Dies war die Quelle des Jordan – ein nasser Fleck in der Wüste. Hier war die Kruste des Seins gerissen, und das Leben drang ein und machte sich breit. Für alles war Platz genug. Ralph Harper schrieb: »Was spricht dagegen, sich vorzustellen, daß man das Ursein umarmt?« Ein verbogener Maschenzaun hinderte mich daran, weiter hinaufzuklettern, um einen Blick über das ausgedörrte Land rundum zu werfen und auf die vielen kahlen Berge im Westen zwischen mir und dem Mittelmeer.

Inmitten dieser kargen Pracht tauchte etwas Überraschendes auf. An diesem Rinnsal in der Wüste, unter diesem Maschenzaun hinter einem schroffen Stein, sah ich eine Bewegung. Eine blaue Krabbe kam anspaziert. Sie lief vorsichtig über scharfkantige Sandkörner zwischen Steinen und ließ sich nieder, um nach Beute Ausschau zu halten. Der Panzer der

Krabbe war von einem Ende zum andern etwa zwölf, fünfzehn Zentimeter lang. Ihre blauweißen Beine trippelten auf zierlichen Spitzen; zum Fressen hockte sie sich hin. Warum irrst du in der Wüste herum, dachte ich, statt in einem Sumpf an der Chesapeake Bay oder in einem dampfenden Kochtopf zu schwimmen? Denn Süßwasserkrabben sind eine Delikatesse, vor allem bei den Chinesen hochgeschätzt.

Ich suchte nach jemandem, dem ich die Krabbe zeigen konnte. In der ganzen riesigen Weite, unter dem endlosen trockenen Himmel, war ein einziger Mann in der Ferne zu sehen, wahrscheinlich einer von der niederländischen Reisegruppe.

Und was sollte ich ihm zurufen? »Mynheer!« brüllte ich. Er kam über das öde Gelände herbei. Er trug eine Brille und hatte ein Fernglas mit. Ich zeigte ihm die Krabbe. Er staunte gebührend – eine dicke Blaukrabbe in der Wüste. Hinter dem Maschenzaun schlich die Krabbe bedächtig über nasse Steinchen und Sandkörner. Ihre Augen bewegten sich auf Stielen. Auch der Niederländer sah sich nach jemandem um, dem er sie zeigen konnte, aber es war niemand zu sehen. Wir unterhielten uns über die Krabbe, glaube ich, und die Außergewöhnlichkeit der Krabbe.

Vielleicht war er von dem wunderbaren Akzent beeindruckt, mit dem ich »Mynheer« gerufen hatte, denn er sprach Niederländisch mit mir, ohne daß ich ein Wort verstand. Ich sprach Englisch, was er zweifelsohne verstand. Sein braungebranntes Gesicht hatte blasse Falten vom Lachen in der Sonne. Er bedankte sich zufrieden bei mir und sah mich, bevor er weiterging, bedeutungsvoll an. So, sagte sein Blick, begegnen wir uns. So: An diesem komischen kargen Flecken, wo keine Seele unter dem Himmel wohnt, stehen zwei Menschen beisammen und betrachten eine Krabbe.

Später dachte ich: Diese flüchtige Begegnung war nicht so tief wie, sagen wir, eine Ehe – aber sie hatte was. Wer sind wir Menschen?

Denker Podolien in der Ukraine im Jahre 1737. Fünfundzwanzig Jahre später war der legendäre Junge Israel ben Elieser zum historischen Baal-schem-tov geworden. Er lehrte überall in der Ukraine, auf jiddisch. Die Schüler seiner Schüler schrieben seine Lehren nieder. Jeder Rabbi, den ich hier anführe – außer seinen Vorläufern natürlich –, spricht in seinem Namen.

Nachdem er das Amt eines Lehrhausdieners in einer armen Gemeinde bekleidet hatte, arbeitete er als Kinderlehrer, als Schächter und als Gastwirt. Seine erste Frau starb. Mit seiner zweiten Frau zog er in die Karpaten, wo er Lehm grub. Er lebte allein an einem steilen Berg, und seine Frau wohnte im Tal in einer Hütte. Zwei- oder dreimal die Woche kam sie auf den Berg und half ihm den Lehm auf einen Wagen schaufeln. Sie brachte den Lehm in die Stadt und verkaufte ihn. Wenn er allein war, stieg er auf die Berggipfel; er las, betete und fastete. Man hört den Ton der Legende und merkt trotzdem, daß es sich ungefähr so zugetragen hat.

Nach sieben Jahren begaben sich die beiden in die Stadt seiner Frau, Międzyboż, ein Zentrum jüdischer Weisheit in sämtlichen Generationen von der Zeit des Baal-schem-tov bis zum Holocaust, seitdem dort weder Jude noch Jüdisches mehr anzutreffen ist. Dort in Międzyboż erstaunte der lehmbespritzte Bauer alle Leute, als er seine Weisheit offenbarte. Dort wirkte er als ebenso einfühlender wie charismatischer Lehrer, und er lehrte bis zu seinem Tod im Jahre 1760.

Die Männer von Międzyboż sahen den Baal-schem-tov in Bauernkleidung durch die Luft eilen und die Gewölbe des Himmels öffnen. Solcherart sind die phantastischen Geschichten, die sich um ihn rankten. Er ließ sein blondes Haar lang wachsen und trug nach Bauernart keine Mütze. Seine übliche Tracht waren ein kurzer Schafspelz mit breitem Ledergurt und hohe Stiefel. Er rauchte eine Tonpfeife.

Er sauste auch in Kutschen durch die Luft. Er berief um unseretwillen den Messias und Samael, den Bösen. Oft erschien er an mehreren Orten gleichzeitig und plauderte angeregt mit Bekannten. Einmal brachte er auf einer Wiese die Schafe dazu, sich auf die Hinterbeine zu stellen und zu beten. Seine Welt hat die überschäumende und kunterbunte Schönheit von Chagall-Gemälden – und in der Tat wuchs Chagall in einem chassidischen Dorf bei Witebsk auf.

Der Baal-schem-tov behielt über Nacht kein Geld im Haus; wenn er zu Geld kam, bezahlte er seine Schulden und verteilte den Rest. Eines Abends verspürte er beim Beten eine Hemmung. Er befragte seine Frau deswegen. Tatsächlich hatte sie ein paar

Münzen für das Essen des nächsten Tages zurückbehalten. Es gibt Hunderte von Geschichten dieser Art. Er konnte jedem Menschen die Herkunft seiner Seele und sämtliche Geheimnisse von der Stirn ablesen, hieß es. Seine hellseherische Fähigkeit erstreckte sich auch auf Vögel und andere Tiere und auf Bäume. Er kannte die Herkunft all ihrer Seelen – denn Seelen haben eine ganz andere Abstammung als die Körper. (Auch bei Aristoteles haben alle Lebewesen Seelen, aber bei ihm bleiben die Seelen bei ihren Trägern und zeugen sich nicht fort.)

Er pflegte beim Beten zu tanzen. Manchmal tanzte er betend mit der Thorarolle in der Hand, so wie David vor der Bundeslade getanzt hatte, mit aller Macht. Die Chassidim des Baal-schem-tov tanzten ebenfalls. Von einem tanzenden Chassid berichtet ein Zeuge: »Sein Fuß war leicht wie eines vierjährigen Kindes. Und alle, die sein heiliges Tanzen sahen – da war nicht einer, in dem sich nicht die heilige Umkehr vollzog, denn er wirkte im Herzen aller, die es sahen, beides, Weinen und Wonne, in einem.«

Dem Gaon von Wilna, dem orthodoxen Widersacher der Chassidim, mißfiel ihr Tanzen und Springen. Er war sich jedoch nicht zu fein, selber ein bißchen »praktische Kabbala« zu treiben, und gab an, er könne durch theurgische Verwendung des Gottesnamens »das Sonnensystem auf einer Tischplatte nachschaffen«.

Manchmal zitterte der Baal-schem-tov beim Gebet. Einmal faßte ein Schüler seinen Kittel an der Schulter an und begann selber zu zittern. Ein andermal lehnte sich der Baal-schem-tov an die Ostwand eines Hauses, und an der Westwand zitterte das Getreide in den offenen Fässern. Ein Wassertrog in dem Raum, in dem er betete, zitterte. Wenn er beim Beten stillstand, zitterten die Schaufäden an seinem Gebetsmantel; die Fäden »haben in sich Leben und Seele gehabt. Sie konnten sich bewegen, ohne daß der Leib sich bewegte. Denn durch die Heiligkeit seines Tuns« hatte er »Leben und Seele in sie gezogen«.

Im Alter ging er auf Krücken und zog den linken Fuß nach. Er rauchte seine Pfeife und trug weiter seinen rauhen Schafspelz und seine hohen Stiefel. Am Rosch Haschana des Jahres 1749 gab er seine Seele preis, sagte er, und betete: »Mögen wir doch in die Hand Gottes und nicht in die Hände der Menschen fallen!«

Übel Der Baal-schem-tov fuhr nach eigenen Angaben viele Male zum Himmel empor. Auf diesen Himmelsfahrten, berichteten seine Freunde, stand er viele Stunden lang gebückt da, während seine Seele sich erhob. Er selbst erzählte in einem Brief über seine Rückkehr von zwei derartigen Höhenflügen, er könne, so sehr er sich auch bemühe, weder böse Taten noch äußere Schicksalsschläge abwenden. Er konnte jedoch berichten, wie Gott sein Tun rechtfertigte. Zu der Zeit hatten polnische Christen schon damit begonnen, Juden zu töten. Am Rosch Haschana (am 15. September 1746) beklagte sich der Baal-schem-tov während eines Aufstiegs in den Himmel bei Gott über die Morde. Er wußte, daß einige Juden von ihrem Glauben abgefallen und dennoch zusammen mit den Frommen umgekommen waren. Warum – warum das alles? Gottes Antwort: »Damit kein Sohn Israels abtrünnig werde.« (Das rettete ihnen nicht einmal das Leben.) Drei Jahre später wurde Polen von einer Seuche heimgesucht. Abermals stieg die Seele des Baal-schem-tov am Rosch Haschana zum Himmel auf, um die Seuche abzuwenden. Aber, erwiderte Gott, hast du selbst, der Baal-schem-tov, nicht gerade gebetet: »Mögen wir doch in die Hand Gottes und nicht in die Hände der Menschen fallen!«? Jetzt fragte Gott, in dessen plagenreiche Hand sie gefallen waren, ihn seinerseits: »Wie kommst du dazu, dich dagegen aufzulehnen?« – entgegen deinem eigenen Gebet. Willst du jetzt die christlichen Polen anstelle der Seuche? Das Äußerste, was der Baal-schem-tov aushandeln konnte, war, daß seine nähere Umgebung von der Seuche verschont blieb.

Mit andern Worten, der Baal-schem-tov, der kein Theologe war, glaubte daran, daß Gott Übel verhängt – böse Taten (die polnischen Judenmorde) wie Schicksalsschläge (die Seuche) –, um zu belehren oder zu strafen. Der Baal-schem-tov ergründete vieles um Gott, aber die Theodizee war nicht seine Stärke, und er machte sich nicht von dem alten Glauben – dem »tödlichen Ärgernis« – frei, daß unser Leiden vom allmächtigen Gott gesandt sei.

1976 kamen bei einem Erdbeben in Tangshan 750 000 Menschen ums Leben. Bevor sie bebte, berichteten viele Überlebende, habe die Erde von innen hell geleuchtet.

Der Talmud gebietet den Menschen, über Böses, Leid und Unglück einen besonderen Segensspruch zu sagen – »Gepriesen seist du, Gott unser Gott, König der Welt, der Richter der Wahrheit« –, denn alles ist Gottes Werk. Jesaja 45,7 f.: »Ich, der Herr, und keiner sonst, der ich das Licht bilde und die Finsternis schaffe, der ich Heil wirke und Unheil schaffe, ich bin's, der Herr, der dies alles wirkt.«

Ähnlich wird ein frommer Mann, wenn er einen Beinamputierten oder sonst jemanden sieht, der von Geburt an mit einem Leiden geschlagen ist, den selben auf »der Richter der Wahrheit« endenden Segen sprechen. In diesen Worten lebt eine Anschauung fort, die im 1. Jahrhundert recht gängig war und unter geplagten Theisten allerorten immer noch hoch im Kurs steht: daß Gott, der Puppenspieler, alle Ereignisse und Schicksale bestimmt, und zwar mit moralischer Absicht. Er belohnt oder schlägt uns mit seinem Richterspruch. Er spricht das Opfer schuldig.

Wenn du die Sünden anrechnest, Herr, wer kann bestehen? Wer kann bestehen?

Gewiß nicht der Beinamputierte. Weswegen hat Gott ihn verurteilt? Weil er zuließ, daß sich sein Bein infizierte, du Esel.

Nein. Das ist zu billig.

Jetzt In einer seiner grausamsten Äußerungen erklärte Jesus den Leuten, daß das Manna, das »Brot, das die Väter gegessen haben«, ihnen nichts genützt habe: »sie sind gestorben«. Der direkte Umgang mit dem Göttlichen, wie die Manna essende Wüstengeneration ihn pflegte, und Jesus ebenso, macht einen in keiner Weise gefeit gegen den Tod oder die Launen des Zufalls. Du kannst *mit* Gott als ein Teilchen leben, das unter ständigen Kollisionen durch ein Chaos von Stoffen saust, und du kannst *ohne* Gott als ein Teilchen leben, das unter ständigen Kollisionen durch ein Chaos von Stoffen saust. Aber du kannst nicht außerhalb des Chaos kollidierender Stoffe leben.

Unsere Generationen steigen auf und zerplatzen wie Wellenschaum an den Küsten. Und dennoch überrascht und überrumpelt der Tod, zumindest in der westlichen Welt, offenbar jedes einzelne von uns Menschenbläschen jedesmal wieder neu. »Einer der Gründe dafür, daß sich Männer so leicht in den Krieg schicken lassen«, sagt Ernest Becker, ist der: »Jeder hat Mitleid mit dem Nebenmann, der sterben muß.«

Menschen platzen wie Schaumblasen. Ich habe gelesen, wenn man an heißen Sommertagen über einen Friedhof geht, kann man zuweilen geblähte Bäuche in den Särgen knallen hören. Bis heute prüfen arme Leute überall auf der Welt, ob in einem frischen Leichnam noch Leben ist, indem sie eine Flamme an den großen Zeh halten. Wenn die Person wirklich tot ist, füllt sich die am Zeh entstehende Blase mit Gas und platzt. Wenn noch Leben im Körper ist, füllt sich die Blase mit Serum statt mit Gas; das Serum siedet und läßt die Haut ebenfalls aufplatzen.

Wir sind nur etwa dreihundert Generationen von der Zeit vor zehntausend Jahren entfernt.

»Heute sind wir zwar hier, für ein Morgen aber gibt es keine Gewähr. Denkt immer daran! Denkt immer daran!« – Der koreanische buddhistische Meister Chinul aus dem 12. Jahrhundert.

Sind wir bereit, die Menschheit im ganzen als einen lebenden Baum anzusehen, der ohne uns prächtig gedeiht? Es fällt uns nicht schwer, einen Bienenstock oder einen Ameisenstaat als einen einzigen Organismus zu betrachten, selbst einen Fischschwarm, eine Vogelschar, ein Hirschrudel. Und wir neigen mit Recht dazu, einen Verband von Einzelwesen, einen Schwamm oder eine Koralle, Flechten oder Schleimpilze, als ein einziges Lebewesen zu betrachten – aber uns selber? Wo wir Menschen doch so verschieden sind und so reflektiert, und lieben? Selbst Liebende, selbst Zwillinge sind Fremde, die für sich allein lieben und sterben müssen. Und das finden wir gut so, zumindest in der westlichen Welt; lieber ertragen wir die leidvollste Vereinzelung, als daß wir uns und unsere Individualität in einer abstrakten »Menschheit«, deren Schicksal uns wichtiger sein soll als das eigene, auflösen und auslöschen. Wer könnte von sich sagen: Ich leide furchtbar, weil mein Kind gestorben ist, aber das macht nichts – die Menschheit im ganzen hat mehr als genug Kinder? Jede Religion stellt früher oder später die Vorstellung vom Individuum in Frage. Der Buddha lehrte jeden Schüler, seine Einbildung, er besitze ein individuelles Ich, zu überwinden. Huston Smith meint, unsere Individualität gleiche der einer Schneeflocke: Die Meere verdunsten Wasser, Wolken sammeln sich und geben Wasser in Form von Schneeflocken ab, die schmelzen und ins Meer fließen. Das Gleichnis verstimmt. Was habe ich mit dem Meer zu tun, ich mit meinen einzigartigen, noch nie dagewesenen Sechsecken und Zacken? Soll selbst mein Bewußtsein nur eine Welle im Meer sein, eine Welle, die der Wind ausflacht, ein Fleck, den der Wind wegwischt wie ein Finger?

Wir wissen, wenn auch nur mit dem Verstand, daß wir uns geschlagen geben müssen. Na schön, wir sind bloß eine Schneeflocke. Oder meinetwegen ein Baum. Die geliebten Toten, um die wir trauern, waren nur die braunen unteren Zweige, die ein Baum im Wachsen überschattet und abtötet; der Baum selbst gedeiht prächtig weiter. Doch was ist das für ein Baum, den wir hier züchten, daß er solches Leid und solche Verschwendung lohnte? Denn wir alle verlieren alles, was wir lieben, jeden Einzelnen, den wir lieben. Wir trauern und treten ab. Was für Wunder sollen die verfluchten Schlaumeier nach uns, hol sie der Teufel, denn vollbringen?

Fünftes Kapitel

Geburt Letzte Woche fing ein Arzt hier auf der Entbindungsstation den hübschen Kopf eines Neugeborenen auf und darauf den ganzen Körper: Es hatte Kiemenspalten am Hals wie ein Hai und einen langen Schwanz. Der Schwanz war oben dick wie ein Känguruhschwanz, aber natürlich nackt, da er mit sympathischer, dünner menschlicher Haut bedeckt war. Schwester Pat Eisberg berichtet mir, daß der anwesende Kinderarzt diesen Schwanz, der zwischen den Beinen des Babys eingerollt war, wegziehen mußte, um das Geschlecht des Kindes zu erkennen. Sie erzählt es mir flüsternd auf dem Gang. Wie geht es dem Baby jetzt? Wie geht es der Familie? Sie sieht mich an. Sie zieht die schmalen Brauen hoch und wendet sich ab; sie tippt einen Computercode ein, der ihr eine Tür öffnet, und hebt zum Abschied die Hand.

In seinem Buch *The Denial of Death* bemerkt Ernest Becker über Geburten dieser Art, sie würden »nicht publik gemacht«, »ein volles Begreifen der conditio humana« würde »den Menschen zum Wahnsinn treiben«.

Hier eine Nuß von Teilhard: »Um die Erde ... bilden die Seelen gewissermaßen die hell leuchtende Oberfläche der in Gott eingetauchten Materie.« Daß die Menschen als einzige von allen Wesen Seelen besitzen, ist wesentlich für Teilhards Weltbild. Wesentlich ist auch die Leuchtkraft der Materie – die Annahme, daß sie im Universum keinen Platz läßt für irgendeinen sonderlichen Geist und daß sie von innen her strahlt. Dennoch: Was heißt dieser Satz?

Sand Erde deckt sich über alles. Wenn du stillhältst, wirst du von Erde begraben, ob du willst oder nicht. Die Schmutzschicht auf unseren Füßen oder Schuhen wird dicker, vom Wind herangetragener Staub sammelt sich darum, und bald sind deine Füße unter der Erde. Dann steigt der Boden über deine Knöchel und weiter über die Waden. Wenn der Feldwebel seine Mannen lange genug stillstehen läßt, wird er mit seinem Trupp genauso aufrecht in der Erde enden wie das Heer des chinesischen Kaisers.

Du kannst dich auch von meteoritischem Staub begraben lassen, wenn du lange genug wartest: Stündlich regnet eine Tonne auf die Erde nieder. Oder du läßt dich von Heuschrecken zudecken. An der Bergwand des Mount Cook in Montana ist auf 3300 Meter Höhe eine dicke Schicht Heuschrecken zu bewundern. Die Heuschrecken gingen 1907 ein, als ein Schwarm vom Kurs abkam und erfror. Von Menschen wurde die Ablagerung erst entdeckt, als ein Brocken sich vom Berg löste und in einen Fluß fiel, der ihn zu Tal schwemmte.

Das Straßenniveau von New York steigt mit jedem Jahrhundert. Die Geschwindigkeit, mit der wir von Staub begraben werden, variiert von Ort zu Ort. Das von Cortés eroberte Tenochtitlán liegt zehn Meter unter dem heutigen Mexico City. Es läge noch tiefer unter der Oberfläche, wenn Mexico City selbst nicht absinken würde. Beim Bau eines U-Bahn-Tunnels stießen die Arbeiter auf einen Tempel. Generell erhöht sich der Erdboden um durchschnittlich anderthalb Meter Staub und Schutt pro Jahrhundert. König Herodes der Große ließ den zweiten Tempel in Jerusalem vor zweitausend Jahren wiedererrichten; die berühmte Westmauer ist die oberste Schicht über einer alten Stützmauer nahe dem Gipfel des Bergs Morija. Vom gegenwärtigen Fuß der Westmauer zum gewachsenen Fels sind es gut zwanzig Meter.

Schnell: Wo ist dein Staubsauger? Auf allen Kontinenten kehren wir die Fußböden und wischen wir die Tische, nicht nur aus Sauberkeitsgründen, sondern auch um nicht begraben zu werden.

Es lohnt sich, den Schmutz in der Luft genauer zu betrachten. Ein überraschend hoher Anteil besteht aus Spinnenbeinen und Spinnenbeinpartikeln. Spinnenbeine sind zerbrechlich, schreibt der Oxforder Verfasser David Bodanis, weil sie hohl sind. Sie haben keine Muskeln; sie werden durch komprimierte Luft bewegt. Folglich brechen sie leicht ab und fliegen durch die Gegend. Eine weitere unerwartete Quelle der Luftverschmutzung sind Autoreifen. Sich abnutzende Reifen stoßen in rasantem Tempo Latexfasern ab, berichten die Leute, die unsere Luft unter die Lupe nehmen. Ackerstaub und Sand aus der Wüste Sahara verbinden sich mit Schwefelsäuretröpfchen (aus verbrauchten fossilen Brennstoffen) und bilden so den sommerlichen Dunst, der Täler und Küsten trübt.

»Wir atmen mit jedem Zug viele hundert Partikel ein«, schreibt Bodanis. Die Luft enthält stets kleinste Fragmente von Teppichflusen, Dung, Aas, Blättern und Blatthaaren, Korallen, Kohlenstaub, Haut, Schweiß, Seife, Schlick, Pollen, Algen, Bakterien, Sporen, Ruß, Ammoniak und Speichel sowie »Salzkristalle von Schaumkronen auf dem Meer, Felsenstaub von den fernen Gebirgen, mikroskopisch kleine Stückchen erkalteten Magmas von Vulkanen und verkohlte Mikrofragmente von tropischen Waldbränden«. Da kommt eine Menge zusammen.

Bei Einbruch der Dunkelheit kollidieren die Partikel mit aufsteigendem Wasserdampf, verkleben und sinken zu Boden; dann rieseln sie auf dich nieder. Bodenbakterien vertilgen, soviel sie können, und wenn kein Wind weht, bleibt der Rest liegen. Nach gut zehn Jahren ist ein neuer Zentimeter Humus da. (Wobei allerdings viele Zentimeter neuer Humus ins Meer gespült wurden.)

Wir wandeln auf den Köpfen der Toten. Unter einem Vorort von St. Louis stießen Archäologen kürzlich auf dreizehn Siedlungen, eine über der andern, die zum Teil länger bewohnt waren als die heutige Stadt. Bei den Ausgrabungsarbeiten in der Höhle Combe

Grenal in Frankreich entdeckten Archäologen sechzig Schichten menschlicher Besiedlung.

Die sympathisch arbeitsscheuen Menschen des bronzezeitlichen Troja beteiligten sich munter an dem Dauerbegräbnis. Anstatt Schmutz von ihren Fußböden zu kehren, holten sie Erde ins Haus und trampelten sie auf dem Dreck fest. Wenn sie sich dann in ihren Zimmern ducken mußten, erhöhten sie Türen und Dächer, und die nächste Runde begann. Auch siegreiche Eroberer neigen dazu, neue Fußböden auf den von ihnen zerstörten Dächern zu errichten. Im 19. Jahrhundert mußten Archäologen fast acht Meter Erde ausschachten, bis sie auf die Bauwerke des Forum Romanum stießen.

Als Heinrich Schliemann vor hundertdreißig Jahren an einem Ort grub, an dem er Troja vermutete, hob er einen fünf Meter tiefen Graben aus, bevor er bearbeiteten Stein fand. Er hatte die Oberseite einer sechs Meter hohen Mauer entdeckt. Unter dieser Mauer stand, wie er nach jahrelangem Graben feststellte, wieder eine hohe Mauer und – huch – wieder eine und wieder eine. Bis heute haben die Archäologen Troja nicht fertig ausgegraben.

Anderswo im alten Vorderen Orient sanken die Zikkurats in den Boden, statt daß sich Staub auf sie türmte; sie sackten in weiche Erdschichten ab und zerfielen. »Alle paar Jahre ließen die Priester sie ein paar Stufen höher bauen, um das Absinken des untersten Stockwerks auszugleichen.« Darwin beobachtete, daß auch Regenwürmer mit ihren Gängen kleinere Häuser absenken. Und in New York sinkt derzeit die schwere Kathedrale St. John the Divine immer tiefer, erfahren wir bei William Bryant Logan, dem Verfasser des ausgezeichneten Buches *Dirt*, der dort vor einigen Jahren als Gastschreiber residierte. Das Fundament der Kathedrale »liegt mittlerweile unter dem Grundwasserspiegel«, und in der Krypta ist eine »sprudelnde Quelle« entsprungen.

Im kalifornischen Santa Monica wühlt ein Arbeiter allmorgendlich mit einem Bulldozer den Müll vom Vortag in den Strand. Ich habe es selbst gesehen. Er pflügt den Müll unter wie ein Bauer die auf seinen Feldern liegende Laubdecke des Vorjahres. Zum Schluß breitet er eine frische Sandschicht über das Ganze, und der mit Papier und Styropor emporwachsende Strand wirkt wieder sauber.

Nach einem alten Ausspruch, den Rabbi Pinchas zitierte, gibt es zweierlei Tod. Ein Tod ist »schwer wie das Ziehen des Taus durch den Ring des Mastbaums«, und ein Tod ist »leicht wie das Ziehen eines Haars aus der Milch«.

China Im Ersten Weltkrieg hatte er dreißig Monate an der Front überlebt; er barg die Verwundeten – das war seine Aufgabe – unter schwerem Beschuß. Ein Zeuge erinnerte sich an sein »gemeißeltes Gesicht wie nach einem Vorbild El Grecos« und daran, daß er »überhaupt nichts Kirchliches« an sich hatte. Ein anderer Kriegskamerad, ein Offizier, schrieb: »Zwei Merkmale seiner Persönlichkeit fielen einem sofort auf: Tapferkeit und Bescheidenheit.« Die tunesischen Scharfschützen seines Regiments, die Moslems waren, pflegten recht kryptisch zu sagen, eine »Segenskraft« schütze ihn, wenn er mitten im Kreuzfeuer Männer vom Schlachtfeld holte. Im Gefecht genoß er seine Anonymität und das gesteigerte Lebensgefühl der Front. Aus der Schlacht von Ypern kamen nur wenige Männer mit einem schlagenden Herzen heraus, von einem vollen Magen oder gar einem gesteigerten Lebensgefühl ganz zu schweigen.

»Nur wer dort mit dabei war, wird jemals solche von Staunen verklärten Erinnerungen haben wie an die Ebene von Ypern im April 1915, als die Luft von Flandern nach Chlor stank und die Granaten die Pappeln am Yperlé-Kanal kappten – oder an die verkohlten Hänge von Souville im Juli 1916, als diese nach Tod rochen. Diese Stunden gesteigerter Menschlichkeit durchtränken das Leben mit einem unauslöschlichen Geruch des Hochgefühls und der Weihe, als ob sie ins Absolute überführt worden wären.« Der »unauslöschliche Geruch« war vielleicht der Schlamm – der Schlamm von Ypern, in dem zweihunderttausend britische und Commonwealth-Soldaten starben, von denen neunzigtausend buchstäblich im Schlamm verschollen blieben.

Der Fronteinsatz begeisterte ihn. Sein immer stärker werdender Glaube daran, daß Gott die Menschen dazu aufrufe, die Welt zu bauen und zu heiligen, ihm beim Erlösungswerk zu helfen, luden jeden gelebten Augenblick mit Sinn auf – und genau deshalb nahm ihn das Schlachtfeld gefangen. »Der

Mann an der Front... ist nur in zweiter Linie er selbst. In erster Linie ist er... ein Teil des Bugs, der die Wellen durchschneidet.« Er wagte es, einen Aufsatz »Sehnsucht nach der Front« zu betiteln: »Alle Lockungen des Orients, alle geistige Wärme von Paris sind weniger wert... als der Schlamm von Douaumont... Wie schmerzlich ist es doch, daß man sich so selten vor eine wirkliche Aufgabe gestellt sieht, bei der die Seele *fühlt,* daß sie sich ihr ganz und gar hingeben kann!«

Als er in den Krieg zog, war er bereits Priester. Eines Morgens im Jahr 1918, als er mit seinem Zuavenregiment in einem Wald an der Oise lagerte, hatte er weder Brot noch Wein für das Meßopfer. Da kam ihm eine Idee, und er schrieb sie auf.

Fünf Jahre später saß er in der Ordoswüste westlich von Peking in einem Zelt auf einem Klappstuhl. Er überarbeitete seine alte Idee aus dem Krieg. Was Gottes Priester auch mit leeren Händen jeden Tag bei Sonnenaufgang weihen können, ist das Werden dieses einen Tages: alles was die werdende Welt erringen und erzeugen wird und alles was sie unter Mühen und Leiden verlieren wird. Dies alles konnte der Priester erheben und darbringen.

Noch einmal vier Jahre später, abermals in China, ritt er nach Norden über die mongolische Steppe und grub sich durch quartäre Erdschichten. Immer noch sprach er jeden Tag seine »Messe auf dem Altar der Welt«, wie er sie jetzt nannte, »um den kommenden Tag zu heiligen«: »Da ich wieder einmal, Herr, nun nicht mehr in den Wäldern der Aisne, sondern in den

Steppen Asiens, weder Brot noch Wein noch Altar habe, will ich mich über die Symbole zur reinen Majestät des Wirklichen erheben und will ich, Dein Priester, Dir auf dem Altar der ganzen Erde die Arbeit und die Mühsal der Welt darbringen.«

Wolken Die faszinierendste Figur, die Jorge Borges in seinen Erzählungen geschaffen hat, ist sicherlich der junge Ireneo Funes mit dem »unerbittlichen Gedächtnis«. Er konnte weder verallgemeinern noch abstrahieren. In seiner Welt »gab es nichts als Einzelheiten«. »Er kannte genau die Formen der südlichen Wolken des Sonnenaufgangs vom 30. April 1882«, und er konnte diese Wolkenformen mit dem Muster eines marmorierten Vorsatzblattes vergleichen, das er nur einmal gesehen hatte, und mit dem Sprühwasser, das ein Ruder auf dem Rio Negro am Vorabend der Schlacht von Quebracho aufgerührt hatte. Der fiktive Funes, ein Uruguayer, wäre an dem Abend, als er die Wolken sah, vierzehn Jahre alt gewesen.

Geologen haben vierzehntausend verschiedene Bodenarten benannt.

Manche wandernden Chassidim gehen in die »Verbannung« eines unsteten Lebens, um »das Exil mit der Schechina zu tragen«, der einwohnenden Gegenwart Gottes in der Welt – denn diese irrt, wie du zweifellos schon mitbekommen haben wirst, verbannt und verstoßen umher. »Der dergestalt Abgelöste ist Gottes Freund, ›wie ein Fremdling eines andern Fremdlings Freund ist, ihrer Fremdheit auf Erden wegen‹.«

Zahlen Ein Zehntel der irdischen Landmasse ist Tundra. Zu jedem Zeitpunkt regnet es nur auf 3 Prozent der Erdoberfläche. Pro Sekunde schlagen ungefähr 100 Blitze auf der Erde ein. Für jeden heute lebenden Menschen einschließlich aller Neugeborenen, sobald sie auf der Welt sind, gibt es grob gerechnet 10 Zentner lebende Termiten. Es gibt viermal mehr Hühner als Menschen.

Ein Fünftel von uns sind Moslems. Ein Fünftel von uns lebt in China. Fast ein Zehntel von uns lebt im Bereich eines aktiven oder schlafenden Vulkans. Über 3 Prozent von uns sind geistig behindert. Wir Menschen trinken sehr gern Tee; wir leeren täglich mehr als 1 Milliarde Tassen. Insgesamt sprechen wir 10 000 Sprachen.

100 Millionen von uns sind Kinder, die auf der Straße leben. 120 Millionen von uns leben in Ländern, in denen wir nicht geboren wurden. 23 Millionen von uns sind Flüchtlinge. 16 Millionen von uns leben in Kairo. 12 Millionen verdienen ihren Lebensunterhalt als kleine Fischer. 7,5 Millionen sind Uiguren. 1 Million arbeitet auf Gefriertrawlern. 2000 von uns begehen täglich Selbstmord.

BEI SCHWINDELERREGENDEN ZAHLEN SETZT DER VERSTAND AUS, schreibt der *Hartford Courant*. Doch unser Verstand darf nicht aussetzen. Wie sollen wir ordentlich denken, wenn unser Verstand aussetzt? Wir sind uns einig, daß wir ordentlich denken wollen.

Die nahe Welt der Angehörigen und Freunde umfaßt bei jedem Menschen eine Gruppe, die kleiner ist als fast alle Stichprobenfehler, kleiner als fast alle Abrundungsfehler: eine verschwindend kleine Gruppe, deren tatsächliches Verschwinden die Welt zu keiner Träne rühren wird. Mehr als 2 Millionen Kinder im Jahr sterben an Durchfallerkrankungen und 800 000 an Masern. Rührt uns das? Stalin ließ in einem Jahr 7 Millionen Ukrainer verhungern. Pol Pot brachte 2 Millionen Kambodschaner um, die Grippe-Epidemie von 1918/19 kostete 21 oder 22 Millionen Menschen das Leben ...

Der Paläontologe litt, wie er sagte, an der »Trübsal des im Universum verlorenen Atoms«. Individuen vermassen. Journalisten gebrauchen den Begriff »Mitleidsverdrossenheit«. Was Ernest Becker die Leugnung des Todes nannte, ist eine Art Wirklichkeitsverdrossenheit. Leidest auch du daran? Wie viele müssen es sein, damit andere Individuen für mich vermassen? Meinem Blick entschwinden? Unsere Toleranz ist, denke ich, nicht nur von Kultur zu Kultur unterschiedlich, sondern auch in jedem Lebensalter; Kinder trauern selten um Fremde – »viele, viele Pünktchen in blauem Wasser«.

Teilhard bezeichnete uns als »namenlose Truppe«, »die unzählbare Masse der Lebenden ... diese ruhelose Menge ... deren Unermeßlichkeit uns bestürzt – dieser menschliche Ozean, dessen langsame und eintönige Wellenbewegungen selbst die Herzen der Gläubigsten aufwühlen«.

Der Flughafen von Los Angeles verfügt über 25 000 Parkplätze. Das ist fast genau ein Platz für jeden der bei dem Vulkanausbruch von 1985 in Kolumbien verstorbenen Menschen. Das ist ein Platz für jedes der in zwei Jahren zusammenkommenden Opfer von liegengebliebenen Landminen aus den Kriegen der letzten Zeit. Zu fünft in je einem Auto könnten fast alle Inuit der Welt am LAX parken. Desgleichen könnte man, wenn man je vier Leichen in ein Auto setzte, alle Toten des Feuersturms nach dem Bombenangriff auf Tokio im März 1945 oder sämtliche Opfer der beiden Atombomben oder die Leichen der Londoner, die durch die Pest ums Leben kamen, oder die Leichen der seit 1993 im Bürgerkrieg umgebrachten Burundier auf dem Parkplatz des Flughafens unterbringen. Die Obdachlosen der USA allerdings wären nicht dort unterzubringen, nicht einmal wenn sich achtzehn oder neunzehn in jedes Auto quetschten.

Sacharja sah einen Mann auf einem rotbraunen Pferd. Der Mann hielt mit dem Pferd zwischen Myrtenbäumen in einem Talgrund, und andere Pferde, rotbraune, fuchsrote und weiße, standen dahinter. Sacharja fragte: »Mein Herr, was bedeuten diese?«

Der Mann antwortete: »Das sind die, welche der Herr gesandt hat, die Erde zu durchziehen.«

Dies begab sich in der Nacht des vierundzwanzigsten Tages des elften Monats im zweiten Jahre des Darius.

Israel Durch die überfüllten Gassen der Jerusalemer Altstadt schob ein Palästinenser eine Schubkarre und rief: »Yo hablo Español!, Yo hablo Español!«

Hier in Jerusalem tobt von alters her das Fest und der Krieg der Generationen, von hier erhebt sich das stöhnende Gebet der Welt. Jesaja sagt: Alle Völker strömen zu ihr hin. Aus allen Himmelsrichtungen kommen wir angeweht, um hier Andacht zu halten – um uns die Kanten abzustoßen.

Auf dem weiten, offenen Platz vor der Al-Aksa-Moschee sah ich einen einsamen Mann mit langem Bart und schwarzem Kefije an einer Säule sitzen. Er hatte den Koran in losen Blättern vor der Nase und las darin. Als ich wegschaute, brachten mich flüchtig wahrgenommene Bewegungen, zu dem Schluß, daß der Alte Bonbons in den Ärmeln hatte, mengenweise Bonbons, und daß er sie heimlich an die barfüßigen Kinder ringsherum verteilte. Jedesmal wenn ich hinsah, schien er vollkommen in den Koran vertieft zu sein; er sah aus, als hätte er seit Wochen keinen Muskel bewegt.

Aus der Koransure »Die Kuh«: »Und sie werden dich

befragen, was sie ausgeben sollen. Sprich: Den Überfluß.«

Der Maler Joe Ramirez und ich saßen auf einem Dach und zeichneten Jerusalem. Es war Ostersonntagmorgen, nach dem Kalender der orthodoxen Kirche. Eine Palästinenserin erschien in der Tür ihrer Dachwohnung und hob ihren blauen Rock, um über die Schwelle zu treten. Sie blinzelte im Licht, und ihre runde Stirn glänzte. Sie kam über das Dach zu Joe Ramirez und mir und schenkte uns jedem ein Osterei; ein Ei hatte sie rot gefärbt und das andere orange.

Wir sind die Organe und die Glieder der Erde; wir sind Silben, die Gott aus seinem Mund entläßt.

Der Felsendom steht auf dem Berg Morija; dessen Gipfel durchstößt den Fußboden. Auf diesen nämlichen nackten Fels brachte Abraham seinen Sohn in drei Tagesreisen, um ihm die Kehle durchzuschneiden, und David errichtete hier einen Altar, den Salomo seinem Tempel einfügte. Babylonier zerstörten den Tempel, und Heimkehrer aus der babylonischen Gefangenschaft bauten ihn wieder auf, dann stand er fünfhundertfünfundachtzig Jahre, bis er vor zweitausend Jahren von Römern zerstört wurde. Zusammen mit dem Erzengel Gabriel fuhr Mohammed von hier auf einem geflügelten Pferd eine ganze Nacht hindurch zum Himmel auf. Als ein arabischer Kalif den Ort nicht viel später ehren wollte, mußten seine Arbeiter »viele Schichten Schutt« abtragen, ehe sie zum Gipfel des Berges vorstießen. Dort errichteten sie den achteckigen Bau, der in den dreizehnhundert Jahren seither kaum verändert wurde. Seine goldene Kuppel wölbt sich über der Felsspitze des Berges, wie der Himmel sich über der Erde wölbt.

Jetzt lugten Leute wie ich über eine hohe Mauer und sahen ein großes Kuriosum – den nackten Planeten, wie er in einem Gebäude durch den Fußboden ragt. Es war eine große Sehenswürdigkeit, wie die Leute auch, denn hier lag unsere Situation offen zutage, und wir reckten die Hälse, um sie zu sehen.

Begegnungen Nur eine tief verinnerlichte und völlig paradoxe Anschauung von Gott kann etwas mit der Vorstellung anfangen, daß Gott jeden einzelnen von uns sechs Milliarden Menschen kennt und liebt.

Später an diesem griechisch-orthodoxen Ostersonntag saß ich mit einem rotgefärbten Ei in der Hand im Foyer eines Jerusalemer Hotels. Ein paar dicke Griechinnen setzten sich zu mir in die Sitzgruppe. Als noch eine weitere hinzukam, überließ ich ihr meinen Sessel und setzte mich auf den Fußboden. Es wurden immer mehr – kräftig gebaute, schwarz gekleidete, füllige Frauen, Großmütter und Urgroßmütter. Irgendwann gingen alle wieder weg, nur die allerälteste, allerfülligste nicht. Sie kam nicht aus ihrem Sessel hoch. Ich legte mein Ei weg, um ihr zu helfen, packte sie bei den Oberarmen in den schwarzen Ärmeln und zog. Nichts zu machen.

»Sorry«, sagte sie. Ich faßte ihr unter den Achseln durch, preßte mit hinter ihr verschränkten Händen ihren Busen an mich, stützte mich mit den Knien am Sessel ab und zog mit aller Kraft. Wieder nichts.

»Sorry«, sagte sie. Sie umfaßte meinen Rücken und zog ihrerseits; das Gewicht ihres Oberkörpers lastete schwer auf meinen Armen, während sie sich mit den Füßen vom Boden abstieß.

»Sorry.« Wir versuchten es noch einmal. Als sie endlich aus dem Sessel kam, bedankte sie sich bei mir: »Sorry.« Ich glaube, es war ihr einziges englisches Wort.

Manchmal berühren wir wildfremde Menschen. Manchmal sagt keiner ein Wort. Wie Wolken kommen wir Reisenden mit unseresgleichen zusammen, mit unseren Schicksalsgenossen in den gehetzten Karawanen derer, die mit uns zugleich durchs Leben ziehen, wie Wolken gehen wir wieder auseinander. Wie oft bietet sich ein Anlaß, Fremde in die Arme zu schließen? Einmal traf ich auf einem Autobahnrastplatz in der Toilette eine schöne, gebrechliche junge Frau; ich nahm sie ein paarmal in die Arme, um ihr aus ihrem Rollstuhl und wieder hinein zu helfen.

Vor Jahren besuchte ich im damaligen Nordjemen, auf der arabischen Halbinsel, einen Ort im Süden des Landes, dessen bäuerliche Einwohner, wenn überhaupt, erst wenige Abendländer zu Gesicht bekommen hatten. An einer Kreuzung überquerten Hunderte von Fußgängern die Straße. Dort, wo sich die beiden vollgestopften Straßen schnitten, sah ich ein Motorrad stehen. Hinter dem leeren Fahrersitz saß ein Baby auf einem Kindersitz, ein nettes, properes Kleinkind, dem ich guten Tag sagte. Das Kind streckte mir großzügig einen Schlüsselring entgegen. Es konnte mir nicht entgehen, daß mehrere hundert Jemeniten, unter ihnen zweifellos der Vater oder Bruder des Kindes, wie auf Kommando stehenblieben, um zuzusehen.

Ich nahm den Schlüsselring, hielt ihn sichtbar in die Höhe und bedankte mich bei dem Kind, wie man das so macht. Die mehreren hundert Jemeniten hielten die Luft an. Ich weiß, daß sie die Luft anhielten, denn als ich dem Baby – nachdem ich den Moment so lange hinausgezögert hatte, bis es, sichtbar am Zukken der Augenbrauen, an den Grundfesten des Lebens zu zweifeln begann – den Schlüsselring wiedergab, atmeten alle auf einmal aus; ich konnte es deutlich hören.

Denker Sein Kantor bezeugte, wenn der Baalschem-tov die Thora lehrte, hätten die Zuhörer sie durch seinen Mund empfangen »wie Israel am Sinai durch Donner und Posaunenschall, und noch sei die göttliche Stimme auf Erden nicht erstorben, sondern währe fort und lasse sich hören«.

Isaak Lurias Betonung des Exils verdunkelt sein Bild von den heiligen Funken: Da harte Schalen das Göttliche gefangen halten, schmachtet Gottes Gegenwart überall in der Verbannung. Der Baalschem-tov, der die Leute oft durch sein Radschlagen verblüffte, stellte diese dunkle Idee auf ihren leuchtenden Kopf: Wenn die Schalen das Göttliche gefangenhalten, dann birgt alles, was wir sehen, Heiligkeit. Luria verzweifelte an der Hülse, der äußeren Scherbe; der Baal-schem-tov freute sich am Funken, am inneren Gott. Das ist kein Pantheismus, sondern Pan-entheismus: Der eine transzendente Gott schuf die Welt, und seine Gegenwart brennt noch im letzten ihrer Stäubchen. Jeder Lehmklumpen birgt eine Glut. Ein Vogel entfliegt dem Haus. Ein lebendiger Funke durchglüht einen Tontopf.

»Wenn du in heiligem Sinnen übers Feld gehst, heften sich alle Seelenfunken aus Stein, Gewächs und Tier dir ein und läutern sich in dir zu einem reinen Feuer.« So drückte es einer der geistlichen Erben des Baal-schem-tov aus.

Die Lehre des Baal-schem-tov verband die Kabbala Isaak Lurias mit der traditionellen chassidischen Frömmigkeit. Der Baal-schem-tov gab Lurias asketische Haltung auf. »Um Gottes willen, kasteit euch nicht«, sagte er, obwohl er selbst eine Woche im Monat fastete. Er hielt nicht viel von Lurias radikalem Messianismus. Das steife und esoterische Elitedenken der Kabbala war nicht seine Sache. Er predigte das Dienen und gab die Früchte seiner Gebete offen an die Menschen um ihn herum weiter. Neben die traditionelle Lehre stellte er Inbrunst, Freude (»Freude am Befolgen der Gebote«) und den unerschütterlichen Glauben, daß jeder Jude, ob schriftgelehrt oder nicht, in der Gegenwart Gottes beten könne. Der Baal-schem-tov wertete das Beten noch höher als das Thorastudium. Durch hingebungsvolles Beten, durch das feste Hangen an Gott, sagte er, könne der Mensch den Himmel erreichen, bewegen und letztlich vereinen.

Ein Schüler des Baal-schem-tov war Dov Bär, der große Maggid, der wandernde Lehrer. All sein Streben galt dem Haften an Gott. In Gottes Gegenwart blieben die Menschen durch das Bemühen um dieses Anhaften, *Debekuth*, erklärte er. Der große Maggid wird als Ekstatiker geschildert. Ekstase ist, denke ich, die Antwort einer Seele auf die mitreißenden Wellen, die die Heiligkeit bei ihrem Nahen wirft.

Übel Eines Nachts in einem Hotelzimmer in Quito las ich in der Gideonsbibel, einer zweisprachigen Ausgabe mit englischen und spanischen Spalten nebeneinander. Ich hatte schon zwanzig Minuten gelesen, als eine zweischneidige Rasierklinge aus den Seiten fiel. Eines Tages in der judäischen Wüste, im Felsenkloster von Wadi Qilt, lag ein amerikanischer Tourist ausgestreckt auf einem Felsvorsprung. Es war ein magerer junger Mann aus Vermont mit kurzgeschnittenem Haar und einem flehenden Gesicht. Er griff nach unten und fing ein streunendes oranges Kätzchen ein, hielt es sich übers Gesicht und legte es sich dann auf die geschlossenen Augen. Wie so vielen war ihm der Besuch Jerusalems aufs Gemüt geschlagen; die Ärzte schickten ihn bald darauf zurück in die Heimat.

Was ist dort unten auf dem Boden des Loches? Ist es lebendig? Gesund? Tot? Haben Krabben sowas?

Leute umzubringen, indem man ihnen das Fleisch von den Knochen schabt, war eine Idee, die sich hielt. Im 5. Jahrhundert töteten Christen die aus vornehmem Hause stammende Philosophin Hypatia, laut Gibbon in einer Kirche; sie kratzten ihr Haut und Fleisch mit Austernschalen ab und warfen das Fleisch, »noch zuckend«, Schale für Schale ins Feuer. Schuld war ihr Neuplatonismus, meint der Schriftsteller Hal Crowther; außerdem beschäftigte sie sich mit Mathematik. »›Fortan‹, kommentiert Bertrand Russell, ›blieb Alexandria von Philosophen verschont.‹«

»Wieso kann es Böses in einer Welt geben, die vom gütigen Gott geschaffen wurde? Deshalb, weil tief in der Kraft des Bösen ein Funke des Guten eingeschlossen ist. Dieser Funke ist der Quell des Lebens des bösen Triebs ... Nun ist es die besondere Sendung des Juden, die eingeschlossenen heiligen Funken durch Thorastudium und Gebet dem Griff der Kräfte des Bösen zu entwinden. Sobald die heiligen Funken befreit sind, wird das Böse, seines lebenspendenden Kerns beraubt, aufhören zu sein.« Dies schrieb Rabbi Jehuda Arje Löb Alter von Ger im Polen des 19. Jahrhunderts. Es war der Baal-schem-tov, der diesen wesentlichen Gedanken lehrte.

Gott ist Geist, unendlich im Universum ausgeprägter Geist, der nicht gibt, wie die Welt gibt. Sein Anwesen ist die Abwesenheit, und dort findet er uns. In der Drangsal der Abwesenheit begegnen wir ihm, wenn wir ihn suchen. Gott erhebt unsere Seelen zu ihrem Wurzelgrund in seinem Schweigen. Natürliche Stoffe mit ihren Kollisionen und Reproduktionen formen unsere Schicksale. Wir verlieren die Menschen, die wir lieben, wir verlieren unsere Energie, und wir verlieren unser Leben. Vielleicht, und im günstigsten Falle, weiß Gott von diesen vergänglichen irdischen Geschehnissen gar nichts, sondern kennt nur die Seelen. Dieser Gott lenkt das Universum nicht, er liegt ihm zu Grunde. Oder, um mit Teilhard zu sprechen, er »verlängert sich« in das Universum. Oder, um mit dem sympathischen Spinner Joel Goldsmith zu sprechen, Gott ist das Bewußtsein des Universums. Das Bewußtsein der Gottheit ist die Gottheit selbst. Je mehr wir zur Heiligkeit erwachen, je mehr davon wir gebären, je mehr davon wir auf Erden verwirklichen, ausweiten und vermehren, um so mehr ist Gott »auf dem Feld«.

»Die Zeit ist ohne Zweifel ein Akzidens«, sagte Maimonides, »und gehört unserer Ansicht nach zu den erschaffenen Akzidentien, wie das Schwarze und das Weiße.«

Gott steht – größtenteils – außerhalb des geschlossenen Kreises der von ihm geschaffenen gefallenen Welt, könnten wir sagen. Oder Gott ist der Kreis, oder er durchdringt den Kreis, oder der Kreis läuft in Gott um und ist wie ein Loch in seiner Seite, an das er niemals rührt. Mit Sicherheit ist Gott nicht Teil des

Kreises wie wir andern, die wir unentwegt die Mühle treten, unters Rad kommen, weiterradeln. Jedenfalls ist dem semipotenten Gott eine Hand auf den Rükken gebunden. (Daß er mit der andern Hand von Zeit zu Zeit unsere Seelen streift und aufrührt oder daß er wie eine Feuerkugel durch unsere Schädel schießt, so daß wir die Augen aufreißen und lodernde Himmel sehen, zu Boden stürzen und »Abba! Vater!« stammeln, dafür muß ich den Beweis schuldig bleiben.)

Jetzt Ein Mann, der lange inbrünstig betet und die Thora studiert, wird es dahin bringen, die Funken göttlichen Lichts in der ganzen Schöpfung zu entdekken, in jedem einzelnen Busch und Korn, in jeder Frau und jedem Mann. Und wenn er sich viele Jahre lang eifrig an Gott heftet, wird es ihm gelingen, die Funken zu befreien, diese einzelnen Heiligkeitsquentchen zu enthülsen und emporzuheben und sie Gott zurückzugeben. Dies ist die Aufgabe des Menschen: die Rückkehr der Funken zu lenken und zu kanalisieren. Diese Aufgabe ist *Tikkun*, die Wiederherstellung.

Du verrichtest jetzt auf Erden ein heiliges Werk, heißt es, wie dieses Werk auch im einzelnen aussehen mag, wenn du deine Liebe und dein Verlangen an Gott bindest. Du verwirfst oder fliehst die Welt nicht, sondern du erlöst sie, die ganze Welt – so wie sie ist.

Buber über den Chassidismus: »Wir sind in die Welt des Widerspruchs geschickt; wenn wir ihr in Sphären entschweben, wo er uns durchschaubar dünkt, entziehen wir uns der Sendung.« Buber erläutert das Weltbild des Baal-schem-tov. Manche Stimmen behaupten, daß Buber, indem er sich zum Ausleger des Baal-schem-tov aufschwang, in Wirklichkeit seinen eigenen Überzeugungen Ausdruck verlieh.

Ein Chassid fuhr nach Międzyboż, um den Versöhnungstag mit dem Baal-schem-tov im Bethaus zu verbringen. Bei Einbruch der Dunkelheit war er immer noch weit vor der Stadt, und so mußte er zu seinem großen Gram allein auf dem Feld beten. Nach dem Fest »empfing ihn der Baalschem mit besonderer Freude und Freundlichkeit. ›Dein Beten‹, sagte er, ›hat alle Gebete, die auf dem Felde lagerten, emporgehoben.‹«

Psalm 93: Einst erhoben die Fluten, o Herr,
erhoben die Fluten ihre Stimme –
wieder erheben die Fluten ihr Tosen.

Sechstes Kapitel

Geburt Im tropischen Südamerika lebt das Volk der Kogi. Bei ihnen heißt es, wie Michael Parfit berichtet, ein Kind kenne zu Beginn seines Lebens drei Dinge: die Mutter, die Nacht, das Wasser.

Manche Chassidim pflegten früher, in einer untergegangenen Zeit, zu sagen, aus all unseren Taten würden Engel geboren, gute Engel und böse Engel. »Aber aus den halben und wirren Taten, die ohne den Sinn oder ohne die Kraft sind«, erklärt Martin Buber, »werden Engel geboren mit verrenkten Gliedern oder ohne Haupt oder ohne Hände oder ohne Füße.«

Wenn heute ein Mohel einen chassidischen Knaben beschnitten hat, berichtet Lis Harris, so wickelt er ihn, legt ihn auf ein Kissen, singt ihm vor und wiegt ihn. Dann tanzt er mit ihm durchs Zimmer, dreht sich und wippt.

Der Baal-schem-tov tanzte und sprang, wenn er betete, und seine Gemeinde tanzte mit. Chassidim tanzen und springen bis heute. Tanzen ist nicht bloß Ausdruck der Person; es ist eine Tat. Rabbi Nachman von Brazlaw bemerkte, wenn die Tänzer einen schwermütigen Menschen bewegen könnten, mit ihnen zu tanzen, werde seine Traurigkeit von ihm weichen. Und wenn du selbst der schwermütige Mensch bist, lehrte er, überwinde dich zum Tanz, denn es ist eine »Tat, mit dieser Traurigkeit zu ringen, sie zu packen und mit in die Freude hineinzunehmen«. Im Jahre 1903 sagte derselbe Rabbi Nachman: »Dieses Jahr habe ich viel getanzt.« Während der vorangegangenen zwölf Monate war in Rußland eine Reihe von Gesetzen verabschiedet worden, die Einschränkungen für die Juden mit sich brachten. Ein Schüler erläuterte die Worte seines Meisters: »Durch Tanzen kann man die bösen Kräfte verwandeln und Erlasse unwirksam machen.«

Die Reformgemeinde des Theologen Rabbi Lawrence Kushner (nicht zu verwechseln mit dem Bestsellerautor Rabbi Harold Kushner) in Sudbury, Massachusetts, feiert an Simchat Thora, wenn die alljährliche Thoralesung in der Synagoge abgeschlossen wird, selbstverständlich ein Fest.

»Es ist ein phantastischer Anblick«, schrieb er. »Die Leute kommen von nah und fern. Es wird stundenlang getanzt.

Einmal fragte ich einen kürzlich eingewanderten jüdischen Dissidenten aus der Sowjetunion, was er von unserem Simchat-Thora-Fest halte.« Der Mann entgegnete, es gefalle ihm gut, aber in Leningrad sei es schöner. Rabbi Kushner, der gestand, daß er »neugierig und ein wenig beleidigt« gewesen sei, fragte ihn, *inwiefern* schöner.

»Wenn du in Leningrad an Simchat Thora vor der Synagoge tanzt«, erklärte der Mann, »mußt du davon ausgehen, daß die Geheimpolizei alle Leute fotografiert. Das heißt, du wirst erkennungsdienstlich erfaßt, und früher oder später wird dein Brigadier benachrichtigt. Und da Tänze dieser Art als antisowjetisch gelten, mußt du darauf gefaßt sein, deine Stelle zu verlieren! Sie sehen also«, meinte er abschließend, »bei einem solchen Fest zu tanzen, das ist etwas anderes.«

Sand Sand sackt. Sandsteinplatten versinken. Sie kippen ab, als hätten sie einen Schlag bekommen, und schieben sich unter Krusten. In abyssischer Tiefe preßt das Gewicht der Erde das Wasser aus ihnen heraus; durch Hitze und Gewicht platzen ihre Moleküle, und aus Sandstein wird Quarzit. Das Quarzit – jenes milchig graue Gestein – bleibt bis in sehr große Tiefen erhalten, wo es schließlich schmilzt und sich mit Magma vermischt. Wenn dann die Zeit erfüllt ist, steigt das Magma durch Spalten auf; es gelangt an die Oberfläche und bildet Kontinente, die von Flüssen wieder zu Sand zermahlen werden.

Was Christus betrifft, erklärte Pater Teilhard ungeniert am Schluß einer Schrift, in der er seinen Glauben darlegte, »so verspüre ich ... keinerlei besondere Gewißheit seiner Existenz«. Sein werdendes Universum kulminiert symbolisch in Christus (»Jesus muß wie eine Welt geliebt werden«) auf schwer zu verkraftende Weise. »Genau wie jeder andere, nehme ich an«, fuhr er fort, »wandele ich in den Schatten des Glaubens« – das heißt, im Zweifel. Zweifel und Hingabe gehen häufig Hand in Hand. Und »Glaube« ist im Kern nicht das intellektuelle Fürwahrhalten einer Reihe von Lehrsätzen; Glaube heißt, in bewußter und immer wieder erneuerter Hingabe an Gott zu leben. Dennoch ist die Versuchung groß, Glaubensbekenntnisse als absolute Gewißheiten von sich zu geben. Wie viele spirituelle Denker besaß Teilhard eine Art anaerober Fähigkeit, an Paradoxem aufzuleben und sich zu laben.

Im Jahre 1928, als Teilhard siebenundvierzig war, entdeckte sein Team den Pekingmenschen. Ein Archäologe, Pei Wen-chung, fand einen Menschenschädel. Teilhard hatte die ersten Geräte und Feuerstellen in der Ordoswüste ausgegraben, aber hier waren nun die ersten Knochen. Der Schädel aus der Höhle in der Nähe von Peking löste eine Sensation aus: der erste frühmenschliche Knochenfund in ganz Asien.

Die Zeit hatte den Pekingmenschen mit all seiner Pracht und Herrlichkeit in eine rote Spalte in einer blauen Höhlenwand in Choukoutien gepreßt. Die rote Spalte war voll von Fossilien. Das Team taufte den ursprünglichen Träger des Schädels auf den Namen Pekingmensch. Er gehörte der Art Homo erectus an.

Auf die Höhle von Choukoutien war das Team von einem Großstadtapotheker aufmerksam gemacht worden. Viele alte Leute in China trinken in

Wasser verrührtes Fossilienknochenpulver als Elixier, sogenannte Drachenzähne; folglich suchen Paläontologen seit zwei Generationen chinesische Apotheken auf und fragen: »Woher stammen diese Knochen?« Bei einem Fossilieneinkauf erkannte ein Spezialist einen frühmenschlichen Zahn. Seine Nachforschungen führten zu den Höhlen von Choukoutien – dem »Drachenbeinhügel«.

Teilhard holte sein Feldbett aus Peking, kam bei chinesischen Dörflern unter und leitete die Grabung. Im Lauf der Jahre ordnete und identifizierte er die Tierknochen aus der Spalte. Unter den Tieren, deren Knochen er entdeckte, waren Säbelzahntiger, Strauße, Pferde, ein großes Kamel, Büffel, Wildschafe, Nashörner, Hyänen und »ein großer und ein kleiner Bär«. Zuletzt gelang ihm die spektakuläre Datierung des Pekingmenschen auf das Pleistozän. Er ermittelte das Alter mit vielerlei Methoden, von denen eine interessant war: In dem Schutt unter, um und über verschiedenen Schichten mit Knochen und Geräten des Pekingmenschen fanden sich vollständige und fragmentarische Schädel von Blindmullen. Er führte persönlich eine Untersuchung der sich im Zuge der Evolution verändernden Schädel dieser Blindmulle durch, datierte sie und bestätigte damit die für den Pekingmenschen gewonnenen Daten.

Das Team grub sich tiefer in das riesige Höhlensystem von Choukoutien hinein: zehn Jahre lang, acht Monate im Jahr. Teilhard bekam fünf weitere menschliche Schädel in die Hand, zwölf Unterkiefer und zahlreiche einzelne Zähne. Es war seine große Lebensarbeit.

In diesen zehn Jahren bekam er Blinzel- und Lachfalten im Gesicht. Die Knochen seines schmalen Schädels traten deutlicher hervor, und seine Schläfen sanken ein. Wenn er keine Gauloises bekommen konnte, rauchte er Jobs. Er betete täglich das Brevier, das das Stundengebet der katholischen (und der anglikanischen und der episkopalischen) Kirche enthält, größtenteils Psalmen. Ein britischer Historiker, der ihn kannte, erwähnte seinen »freundlichen und ironischen Charme«, seine »strenge und doch gütige Vornehmheit«.

In all diesen Jahren fand er keine Skelette. Als Kollegen ihn weltweit für die Entdeckungen priesen, äußerte Teilhard sich bescheiden und leicht genervt: »Schädel«, sagte er, »praktisch nichts als Schädel.« Heute – siebzig Jahre nach Abbruch der Arbeit wegen des jahrzehntelangen Chaos – finden Paläontologen aus aller Welt wieder Hominidenknochen und Abschlagwerkzeuge in den Höhlen von Choukoutien.

Der Pekingmensch und seine Verwandten gingen aufrecht; mit Gliedmaßen, wie wir sie haben, machten sie Feuer und stellten Steingeräte her. Dschungel bedeckte damals das Land. Sie ernährten sich hauptsächlich von Wild und Zürgelfrüchten. Sie jagten Elefanten, Tiger und Wildschweine. Sie lebten, bevor die Großen Seen in Nordamerika sich mit Wasser füllten und die Halbinsel Florida dem Meer entstieg, zu einer Zeit, als in den heutigen USA Kamele und Mastodonten weideten. Sie lebten vor zwei großen Eiszeiten, in denen Skandinavien und Kanada wie auch die Britischen Inseln, Norddeutschland und die nördlichen Vereinigten Staaten mit Eis bedeckt waren; sie lebten, bevor der Atlantik zwischen zwei Vereisungen das östliche Nordamerika überspülte. Ihre Menschenart ist heute ausgestorben, wie die der Neandertaler.

Die meisten Paläontologen glauben, daß wir – wir Menschen der Art Homo erectus – vor neunhunderttausend Jahren Afrika verließen, indem wir von einer Generation zur nächsten durch das Ostafrikanische Grabensystem nach Norden wanderten bis zu dessen Ende im See Genezareth. Rückdatierungen, die an Homo-erectus-Funden aus Java, China und Georgien vorgenommen wurden, deuten jedoch darauf hin, daß unsere Vorfahren schon knapp eine Million Jahre früher aus Afrika abzuwandern begannen – es sei denn, die Wiege der Menschheit habe in Asien gestanden. Die ständig neuen urgeschichtlichen Daten frappieren die Paläontologen, obgleich man meinen sollte, sie hätten sich mittlerweile an derlei gewöhnt – an die fortwährende Rückversetzung der Hinterwand wie auch an dieses unheimliche alte Licht über der von Menschen bewohnten Landschaft.

Wann immer wir losgezogen sind, wir sind jedenfalls nicht wie vernünftige Leute auf schnellstem Wege auf eine sonnige Mittelmeerinsel geeilt. Wir trugen unsere sorgsam gehüteten Feuer in das Gebiet, das wir heute als die Levante bezeichnen, und von dort sukzessive nach China, Japan und Indonesien, wo wir von Insel zu Insel weiter fuhren, bis nach Australien. Dort kratzten wir vor einer Zeit, die doppelt so lange zurückliegt wie die Höhlenmalereien in Frankreich, Tierbilder in eine überhängende Felswand. Tausende von Jahren, bevor in Europa jemand auf die Idee kam, so etwas wie ein Floß zu bauen, unterhielten Menschen, ebenfalls solche der Art Homo erectus, einen regen Bootsverkehr zwischen asiatischen Inseln.

»So weit unsere Blicke in die Vergangenheit zurückreichen«, sagte Teilhard, »sehen wir die Wogen des Vielen anbranden.«

Während der Gewalt und der Hungersnot, die mit der japanischen Invasion über China kam, verschwand der Schädel des ersten Pekingmenschen aus seinem chinesischen Museum. Wissenschaftler vermuten, daß hungernde Einheimische den Schädel zu Pulver zerkleinerten und tranken. Es gibt einen Gipsabguß von diesem Schädel wie auch von jedem Knochenrest und Zahn – den Überresten von vierzig Menschen –, die in all den Jahren am Ausgrabungsort gefunden wurden. Die Gipsabgüsse erwiesen sich als nützlich, weil sämtliche Knochen des Pekingmenschen, Kiste für Kiste, im Zweiten Weltkrieg verschwanden. Die Wissenschaftler versteckten die Kisten bei einem Arzt der US-Marine, der sie bei der Ausreise als Gepäck zu deklarieren versuchte. Die Japaner erwischten ihn. Vor seiner Verhaftung gelang es ihm noch, die Kisten bei europäischen Beamten und chinesischen Freunden unterzubringen. Als er vier Jahre später, bei Kriegsende, aus dem Gefängnis kam, waren die Kisten verschwunden. Alle jüngeren Nachforschungen blieben ergebnislos.

»Der Mensch der chinesischen Roterde« war Teilhards Bezeichnung für den Pekingmenschen. Und vom Christentum sagte er: »Man hat uns allzuviel von Lämmern erzählt. Ich würde gern ein wenig die Löwen herauskommen sehen.«

China Als Kaiser Shih Huang-ti einunddreißig Jahre alt war, sandte ihm ein feindlicher Prinz einen Boten mit den üblichen Geschenken für einen König: einem abgeschnittenen Kopf und einer Landkarte. In letzterer hatte der Bote einen vergifteten Dolch versteckt. Die Audienz verlief wie eine Komödie: Als der Attentäter den Ärmel des kaiserlichen Gewandes ergriff und den Dolch zückte, riß der Ärmel ab. Der Kaiser wollte sein Schwert ziehen, mußte aber feststellen, daß es zu lang war. Er rannte hinter einen Pfeiler. Seine Höflinge gafften. Der Leibarzt schlug mit seinem Arzneibehälter nach dem Angreifer. Der Kaiser rannte weiter um den Pfeiler herum. Ein Höfling rief dem Kaiser zu, er könne das Schwert ziehen, wenn er es schräg nach hinten neige. Er versuchte es, und es glückte; er verletzte den Attentäter am Oberschenkel. Dieser schleuderte seinen Dolch nach dem Kaiser, doch er traf den Pfeiler. Der Kaiser und seine Höflinge machten kurzen Prozeß mit ihm.

Sieben Jahre später versuchte jemand den Kaiser mit einer bleigefüllten Harfe umzubringen. Wieder ein Jahr darauf wollte jemand seinem Wagen auflauern; der glücklose Mörder erwischte den falschen Wagen.

Zu diesem Zeitpunkt war Shih Huang-ti fast vierzig und zunehmend beunruhigt. Es mußte doch möglich sein, durch Macht und Reichtum Unsterblichkeit zu erlangen? Damals glaubten die führenden Köpfe, daß die Menschen zwar meist vergeblich nach der Unsterblichkeit haschten wie nach einem Schatz oder einem Vogel, manche ihrer aber habhaft werden konnten, wenn sie mit aller Kraft und allen Mitteln danach strebten. Der Kaiser brachte den Bergen und Flüssen Opfer; er machte eine große Wanderung an den Ufern des Östlichen Meeres und suchte nach Unsterblichen. Er sandte Gelehrte auf die Suche nach einem berühmten taoistischen Meister aus, der Zauberblüten geschluckt und so den Tod besiegt hatte. Niemand konnte ihn finden.

Damals wie heute besaßen taoistische Mönche medizinische Laboratorien. Der Kaiser befahl den Mönchen unter Androhung der Todesstrafe, ein Unsterblichkeitselixier zu bereiten. Sie gaben sich alle Mühe. Allgemein bekannt war auch, daß auf drei Inseln im Pazifik Unsterbliche wohnten, die einen Trank zu sich nahmen und damit ihre Körper gegen die Zeit immun machten. Der Kaiser schickte eine Schiffsflotte aus, die die Inseln finden und den Zaubertrank holen sollte. Viele Monate später kehrte der Kommandant der Expedition zurück. Er wußte, daß sein Scheitern den Tod bedeuten würde. Er berichtete dem Kaiser, er habe tatsächlich einen Unsterblichen gefunden, der den Zaubertrank allerdings leider nur unter der Bedingung hergeben wolle, daß er eine große Zahl junger Menschen und Handwerker zum Geschenk erhalte. Der Kaiser kam diesem Wunsch nach. Der listige Kommandant segelte mit vielen Schiffen und dreitausend hübschen, gut ausgebildeten jungen Menschen von dannen. Sie kehrten nie wieder zurück. Einer weit verbreiteten chinesischen Legende nach besiedelten sie Japan.

Als das Scheitern offenbar wurde, zog der Kaiser den Schluß, daß ein Feind am Hofe sein Unsterblichkeitsprojekt hintertreibe. Er säuberte den Hof und führte fortan seine Vorhaben heimlich durch. Er besaß zweihundertsiebzig Paläste; jetzt ließ er sie untereinander durch geheime Tunnel, Passagen und Wegenetze verbinden; er schlich schwer bewacht umher. Er ließ Gewährsleute und ihre gesamten Familien hinrichten. Einmal ging in einem entfernten Winkel des Reiches ein Meteorit nieder. Ein Witzbold, dem es am rechten Maß fehlte, schrieb darauf: »Nach dem Tod von Ch'in Shih Huang-ti wird das Land geteilt werden.« Den Meteoriten zu Staub zermahlen zu lassen kostete den Kaiser keine Mühe; aufwendiger war es, alle in der Umgegend wohnenden Menschen zu beseitigen.

Der Kaiser hatte sich bereits im Alter von dreizehn Jahren mit der großen Leere nach dem Tod befaßt. Zu dieser Zeit ließ er siebenhunderttausend Zwangsarbeiter zum Bau seines Grabmals ausheben, eines unterirdischen Palastes, der mit lang brennenden Tranlampen so hell erleuchtet werden sollte wie die sonnenbeschienene Erde. Die Zwangsarbeiter stießen durch drei unterirdische Wasserläufe und höhlten eine große Gruft aus, die sie mit einer bunten Miniaturwelt füllten. An die Decke über dem bereitstehenden Kupfersarg des Kaisers malten sie das

Himmelsgewölbe und die Sternbilder. Die Milchstraße, Quelle des Gelben Flusses, wurde mit Pünktchen hingetupft. Von den Sternen nahm der Gelbe Fluß seinen Ausgang. Mit Quecksilber gefüllte Rinnsale stellten den Gelben Fluß und alle anderen großen Flüsse des Reiches dar; sie wurden mechanisch zum Fließen gebracht und ergossen sich in ein Abbild des schimmernden Ozeans. Künstler bauten maßstabsgetreue Paläste und Türme. Handwerker brachten selbsttätige Armbrüste zur Tötung von Grabräubern an. Das Ganze wurde überreichlich mit Edelsteinen beklebt.

Viele Jahre später starb Kaiser Shih Huang-ti. Während seine Sargträger ihn bei der Beisetzung durch das labyrinthische Grabmal in die versteckte Gruft beförderten, verschlossen Soldaten draußen das große Jadetor. Sie begruben die Sargträger lebendig, weil nur sie (womöglich die Verlierer eines Losentscheids unter den Hofbeamten) einen Weg ins Innere des Grabmals kannten. Sie ließen die ganze Grabanlage samt Jadetor mit Erde zuschaufeln. Dann pflanzten sie Bäume und Gras darauf, so daß das Mausoleum wie ein natürlicher Hügel aussah.

Du hältst den toten Kaiser von China doch nicht etwa für einen Hanswurst, weil es ihm hier gefiel und er gern länger geblieben wäre? Weil er, sagen wir, den Lehm liebte, aber deswegen nicht unbedingt zu Lehm werden wollte?

Die »sterbenden Generationen« nannte Yeats die Masse der Menschen, die riesengroße Masse. Wir drehen uns schneller als die Scheiben einer Egge, als die Schneiden eines Mähdreschers. Zeit: Du kannst die Räder nicht anhalten. Wir sprießen, reifen, fallen und rollen wieder unter die Sode: Ja, Gras ist das Volk. Wir legen uns in Schwaden; Heurechen harken uns zusammen. Chinesische Bauern säen und ernten über dem kaiserlichen Grab – viele Generationen chinesischer Bauern. Ich habe sie von weitem gesehen. Der Pflug pflügt die chinesischen Bauern auf dem Feld unter, wo sie wie Halme stehen. Alle Reisenden in andere Länder haben den Eindruck: Die leben da seit Urzeiten so. Bei denen lebt und stirbt einfach eine Generation nach der andern.

Als wir letzte Woche im Garten hinter unserem Haus ein Loch gruben – im frischen Gras auf der Höhe der Gegenwart bei jüngst gedrehtem Wind, unter den Wolken dieses einen Morgens –, stießen ein Arbeiter und ich in zweieinhalb Meter Tiefe auf zwei Spielzeugsoldaten.

Die ersten Amischen in Amerika pflegten die Leichname ihrer Toten vor der Bestattung in Grassoden zu wickeln. Wir sind Futter, Krautwickel, für den griechischen Gott Chronos, die Zeit, die ihre Kinder frißt.

Albert Goldbarth: »Laß die Erde ihre Toten erwekken.«

Die schottisch-irischen Einwanderer in den Appalachen begruben ihre Toten einst mit einem Teller Salz auf dem Bauch, der für die Unsterblichkeit der Seele stand. Ich habe einmal von einem reichen, längst niedergegangenen Volk gelesen, das seine Toten mit

Edelsteinen begrub, die es ihnen unter die Zungen legte. Warum, wissen wir nicht.

Mao Tse-tung ließ sich Novocain spritzen, um sein Leben zu verlängern und seine Manneskraft zu erhalten. Ähnlich ließ sich – wie sein Arzt berichtete – Maos Frau, die berüchtigte Chiang Ch'ing, durch Bluttransfusionen von »gesunden jungen Soldaten« stärken. Wie Kaiser Shih Huang-ti strebte Mao nach Unsterblichkeit und glaubte seinerseits, das beste Elixier in weiblichen Körperabsonderungen gefunden zu haben. Je öfter er in diesen Jungbrunnen tauchte, um so länger würde er leben, und so tauchte und tauchte er.

Mit wachsender Angst stieg auch Maos Drang, in Bewegung zu bleiben – innerhalb seines Geheimpalastes wie im ganzen Land. Wenn er in einen Zug stieg, wurde der gesamte Bahnverkehr auf der Linie lahmgelegt; seine Fahrt brachte die Fahrpläne für eine Woche durcheinander. Soldaten räumten die Bahnhöfe, und Sicherheitskräfte verkleideten sich als Straßenhändler. Wenn Mao schlief, hielt der Zug. Er war barbituratensüchtig. Einmal glaubte er, jemand habe einen seiner Swimming-pools vergiftet. Ein anderes Mal glaubte er, jemand habe ein Gästehaus in Nanchang vergiftet, in dem er übernachten wollte.

»Jadewasser« nannten die Azteken menschliches Blut. Sie brachten es der Sonne als Nahrung dar – Hunderte lebender Opfer am Tag. Diese einzige Nahrung, die dem Sonnengott genehm war, half ihm, den Krieg gegen die Sterne zu führen. Tag für Tag wirkte das Blut Wunder: Tag für Tag besiegte der Morgen die Nacht. Die Azteken müssen wie die alten Chinesen um das Kuriosum gewußt haben, daß sich Jade durch zersetzende organische Stoffe verfärbt; Jade absorbiert Körperflüssigkeiten und bekommt rostige, blutig wirkende Flecken.

Am Totenfest opferten die Römer, Ovid zufolge, einer Göttin, die stumm war: Tacita. Ihr Symbol war ein Fisch, dem man das Maul zugenäht hatte.

Wolken Eines Tages im Januar 1942, kurz nach dem Eintritt der USA in den Zweiten Weltkrieg, sahen Männer und Frauen in Athen am Fuß der Akropolis »vom Peloponnes her einen gigantischen Kumuluswolkenpilz aufsteigen«. Östlich davon schwebte »eine tiefe Schichtwolke wie ein Futter, das sich gelöst hat«. Ist es für dich oder für die zeitliche Welt von Belang, welchem von beiden Gebilden du dich ähnlich fühlst, dem »gigantischen Pilz« oder der »tiefen Schichtwolke«?

Die Welt ist Gottes Körper, meinte Teilhard. Gott zieht sie immer höher.

Wie leben? Als »einzig begehrenswert« erschien Teilhard in einer seiner gedankenvollen, extremen Äußerungen die Freude, »atomhaft an der endgültigen Errichtung einer Welt mitzuwirken«. Darum gehe es im Leben, »und *nichts anderes vermöchte mich letz-*

ten Endes zu interessieren. Eine infinitesimale Menge des Absoluten entbinden. Ein wenig Sein für immer befreien.« Ist das eine oder das andere – mitwirken an der Errichtung einer Welt oder ein Teilchen des Absoluten entbinden – vorzuziehen, oder genug, oder zuviel?

An der nordöstlichen Küste von Trinidad lag eines Nachmittags in den fünfziger Jahren der Biologe Archie Carr, Spezialist für Suppenschildkröten, in einer Hängematte und beobachtete »kleine runde Windwolken« über der Karibik und »aufgetürmte perlmuttfarbene Landwolken« über Tobago.

Zahlen Durch eine andere datierte Welle, eine Flutwelle nach einem Erdbeben, ertranken am 15. Juni 1896 im Nordosten Japans 27 000 Menschen. Bring diesen grausigen Tag ja nicht in deinem Gedächtnis mit dem 30. April 1991 durcheinander, als 138 000 Bangladescher von Taifunwellen ertränkt wurden.

Auf der dürren Laetolil-Ebene im nördlichen Tansania entdeckte Mary Leakey Fußspuren, eine Fährte von Hominiden. Die drei barfüßigen Leute – kleinwüchsige Australopithecinen, wahrscheinlich Mann, Frau und Kind – waren dicht nebeneinander gelaufen. Sie stapften durch feuchte vulkanische Asche. Wir besitzen ein Zeugnis dieser wenigen Sekunden an einem Tag vor etwa 3,6 Millionen Jahren – noch bevor Hominiden begannen, Steinwerkzeuge zu schlagen. Es regnete, und die Spuren wurden hart wie Gipsabdrücke. Die Asche konservierte auch die Pokkennarben der Regentropfen, die neben die drei Gehenden fielen; es war ein regnerischer Tag. Wir besitzen fast 30 Meter dieser intakten Fußstapfen. Wir wissen nicht, wohin die drei gingen, auch nicht, weshalb. Wir wissen nicht, warum die Frau innehielt und sich kurz nach links wandte, bevor sie weiterging. »Eine entfernte Ahnfrau«, schrieb Leakey, »zögerte einen Moment lang zweifelnd.« Möglicherweise sahen sie zu, wie der Vulkan Sadiman ausbrach, oder sie warfen einen letzten Blick zurück, bevor sie die Gegend verließen. Was wir jedoch wissen, ist, daß wir nichts derart Dauerhaftes hinterlassen können wie diese drei Barfußläufer.

Nachdem die Archäologen diesen langen Streifen Erde etliche Jahre lang untersucht hatten, deckten sie ihn zu, um ihn zu erhalten. An einem konservierten Teilstück sprengen freilich schon jetzt neue Baumwurzeln Risse in die Fußabdrücke, und an einer andern Stelle drohen Wind und Sand sie flach zu schleifen; die Konservierer haben sie nicht tief genug zugedeckt. Jetzt schichten sie mehr Erde darauf.

Nachdem diese drei Hominiden durch den Regen gelaufen waren, vergingen Jahrzehnte, Jahrhunderte, Jahrtausende und Jahrmillionen, bevor der Pekingmensch und andere der Art Homo erectus auf der Erden lebten. Eine Spanne, die achtmal so lang war wie die paar hunderttausend Jahre zwischen der Zeit des Pekingmenschen und unserer. Exakt in der Mitte der Spanne (vor 1,8 Millionen Jahren) lebte nach jüngeren, umstrittenen Datierungen der Homo erectus auf Java.

Auf dem Weg nach Jerusalem sah Jeremia den Rauch des brennenden Tempels aufsteigen. Er weinte; er sah das Blut der Erschlagenen. »Er richtete sein Angesicht erdwärts und gewahrte die Fußstapfen von Säuglingen und Kleinkindern, welche in Gefangenschaft gegangen waren«, nach Babylon. Er küßte die Fußstapfen.

Wer waren diese Individuen? Wer waren die drei, die zusammen einherliefen und Fußspuren im Regen hinterließen? Wer war das Baby mit den Kiemen – das mit dem eingerollten Schwanz? Wer war der Baal-schem-tov, der lehrte, tanzte und Lehm grub? Er überlebte unter den Kindern von Exilanten, deren Fußstapfen auf der nackten Erde Jeremia küßte. Jahrhunderte nach Jeremia ließ der römische Kaiser Hadrian einen anderen solchen Sohn des Exils hinrichten, Rabbi Akiva. Russische Christen wie mitteleuropäische Christen versuchten alle Überlebenden von Kindern des Exils vom Erdboden zu vertilgen wie Essensreste von einem Teller – Überlebende von Exulanten, deren Fußstapfen auf der Erde, ja deren Füße zu küssen uns durchaus anstünde.

Wer und von welcher Bedeutung waren die Männer, deren Gebeine die Große Mauer füllen, die 30 Millionen, die unter Mao verhungerten, oder die 30 Millionen Kinder unter fünf, die derzeit jedes Jahr sterben? Nun, sie sind einfach die andern, die nicht zählen; tot oder lebendig gehören sie zur unerschöpflichen Masse der andern. Ein Neugeborenes schlief in einer Hülle aus Alufolie; ein Niederländer beobachtete eine Krabbe in der Wüste; ein Gepäckträger am Flughafen, der einen zuviel auf die Mütze gekriegt hatte, rauchte mit mir eine Zigarette. Und du? Wozu sind wir Milliarden Sonderlinge auf der Welt?

Wie viele von diesen Leuten leben noch? Du lebst; das ist gewiß. Wir lebenden Männer und Frauen sprechen einander in dem sicheren Vertrauen an, daß wir Mitglieder der selben elitären Minderheit sind, der Herde der jetzt Lebenden. Während ich diese Zeilen niederschreibe, lebe ich noch, aber ich kann durchaus gestorben sein, bevor du sie liest. Der niederländische Tourist dürfte eigentlich noch nicht aus dem Leben geschieden sein, und der Gepäckträger auch nicht. Das Folienbaby liegt wahrscheinlich noch nicht unter dem grünen Rasen. Und der Mensch, den du liebst, was ist mit dem?

Den chinesischen Soldaten, die Luft atmeten, während sie für ihre 7000 individuellen Tonporträts Modell standen, muß es als wundervoller Unterschied erschienen sein, daß nur ihre hohlen Formen von den Arbeitern begraben wurden und ihre Söhne ihre Körper ein wenig später beisetzen konnten. Man fragt sich, was sie in den gewonnenen Monaten oder Jahren machten. Man fragt sich, was man selber heute so treibt.

War Mao Tse-tung zur Weisheit gelangt, als er – wie Ted Bundy, der zu seiner Verteidigung anführte, es gebe »so viele« Menschen – lernte, im großen Maßstab zu denken?

»China hat viele Menschen«, sagte Mao 1954 zu Nehru. »Die Atombombe kann uns nicht schrekken ... Der Tod von 10 bis 20 Millionen Menschen ist nichts, was uns schrecken könnte.« Ein Zeuge berichtete, Nehru habe sich schockiert gezeigt. Bei einer Rede in Moskau legte Mao später noch mehr Großzügigkeit an den Tag. Er prahlte damit, er sei bereit, »300 Millionen Menschen zu verlieren« – was damals, 1957, die Hälfte der chinesischen Bevölkerung war.

Ein englischer Journalist, der in Kalkutta die Barmherzigen Schwestern besuchte, stellte die Überlegung an: »Entweder das Leben ist immer und unter allen Umständen heilig, oder es ist grundsätzlich bedeutungslos; es ist undenkbar, daß es in einigen Fällen so und in andern Fällen so sein sollte.«

Israel In der St.-Anna-Kirche in Jerusalem verstärkte der schlichte Stein den Tag für Tag unablässig ertönenden Gesang in allen Zungen. Vier Leute, die mit dünnen Stimmen sangen, hörten sich an wie jubilierende Chöre sämtlicher toter Seelen auf Erden.

Schon häufig ist mir in einer Kirche der Gedanke gekommen, daß ich, auch wenn es wenig Hoffnung für mich gibt, Gott doch bitten kann, die vielen guten Leute um mich herum – diesen Mann da, diese Frau, dieses Kind – in ihrer Heiligkeit zu stärken, und dann bitte ich darum. In der St.-Anna-Kirche fiel mir mitten in der Messe, die ein weißgewandeter Priester auf französisch las, plötzlich ein, daß möglicherweise auch alle andern in diesem steinernen Raum und möglicherweise alle Leute in allen Gebetshäusern der Erde den gleichen Gedanken haben. Wie wäre es, wenn wir alle in der Hoffnung füreinander beteten, die andern möchten heilig sein, wenn wir es schon nicht sind? Natürlich muß es so sein. Dann muß dabei doch – wiederum möglicherweise – auch irgend etwas herauskommen, oder?

Begegnungen In Kana gab es einen palästinensischen Ladenbesitzer, der allen, die vorüberkamen, Wein anbot. »Wein für jedermann«, rief er auf die Straße hinaus. »Ein Geschenk des Hauses.« Er trug ein offenes Jackett und ein bis oben zugeknöpftes blaues Hemd. Er präsentierte ein silbernes Tablett voll winziger Weingläser. Meine Freunde wollten nicht in seinen Laden gehen. Sie glaubten, es stecke etwas dahinter. Es steckte etwas dahinter: Wenn ein Mann sechzig Jahre auf dem Buckel hat, wird er großzügig zu Fremden. Ich nahm ein Glas Rotwein von dem Silbertablett und trank es auf einen Zug aus. Normalerweise trinke ich keinen Wein. Egal: Dieser Mann sollte eigentlich Andenken verkaufen, und er tat es auch nicht. Wir schenkten dem Zeug in seinem Laden keine Beachtung. Wir lehnten in seinem offenen Eingang und unterhielten uns; wir tauschten Zigaretten und rauchten.

Auf der andern Seite der steilen Straße sahen wir

die Kirche von Kana, die an der Stelle steht, wo Jesus dem Lukasevangelium zufolge bei einer Hochzeit Wasser in Wein verwandelte. Wie einhundertdreißigtausend andere Palästinenser in Galiläa war der Ladenbesitzer Christ. Seine beiden Brüder waren Priester, wie sich herausstellte, seine beiden Schwestern waren Nonnen. Er verschenkte Wein.

Er trug keinen Bart; an den Schläfen war sein schwarzes Haar von weißen Strähnen durchzogen. Er war zufrieden, mir in die Augen zu sehen und sich über Gott und die Welt zu unterhalten – ein Zug, den man bei weltklugen Leuten wie diesem Ladenbesitzer ebenso findet wie bei ganz einfachen Menschen. Auch jemenitische Bauern, die auf ihren Feldern hoch im Gebirge Gerste ernten, können Gesichter lesen, genauso wie Caboclo-Männer und -Frauen, die am Río Napo im ecuadorianischen Oriente Hühner töten, Nicaraguaner, die hinter der costaricanischen Grenze fischen, Inuit, die an den Ufern der Beringsee Gänse schießen, und Marquesas-Insulaner im Pazifik, die sich von Brotfrüchten ernähren. Menschen, deren Eltern wahrscheinlich nie zur Schule gegangen sind, lesen in fremden Augen – du kannst sehen, wie sie in deinen lesen – und erfahren auf die Weise, was sie wissen müssen. Es dauert nicht lange. Ihnen ist klar, daß es ein wunderbarer Zufall ist, wenn wir in dieser dahinhuschenden Generation menschlichen Lebens auf diesem beständigen Planeten zur gleichen Zeit am gleichen Ort zusammenkommen – mit oder ohne gemeinsame Sprache, mit oder ohne Kauf und Verkauf –, und daß wir deshalb zur Feier des Augenblicks gern ein Zigarettchen rauchen dürfen.

Ungezwungen kommen sie mit einem ins Gespräch und lassen sich von keinerlei befremdlichem Äußeren stören. Dies ergibt sich mit Menschen, die noch nie eine große Frau gesehen haben oder eine barhäuptige Frau oder eine unverschleierte Frau oder eine weißblonde Frau oder eine Frau in Hosen oder eine allein herumstreifende Frau; diese weisen Männer und Frauen sehen mit einem Blick von alledem ab und suchen geradewegs die Augen.

Ein katholischer Priester ging vorbei, und der Ladenbesitzer rief: »Come sta?« Sie unterhielten sich auf italienisch. Wieso italienisch? fragte ich später. »Ach, wir sprechen hier alle viele Sprachen. Der Priester ist eigentlich Holländer.«

Glaubst du, ich weiß nicht, daß Rauchen lebensgefährlich ist?

Denker Der Paläontologe Teilhard, meinte sein Biograph Robert Speaight, »zerbrach sich nicht den Kopf darüber, ›wer wohl den Stein wegwälzte‹«.

Wir sind Christen, schrieb er 1936 trocken in einem Brief, »in einer etwas erneuerten Fassung«. Ein Priester, Abbé Paul Grenet, zitierte dies in einer biographischen Skizze von 1961 – Nihil Obstat, Imprimatur –, die Teilhard als einen darstellt, der immer seiner Berufung und dem Jesuitenorden treu blieb.

In *Schwerkraft und Gnade* listet Simone Weil, diese

Spezialistin in Leidensdingen, »vier Dinge auf Erden« als »Zeugnis der göttlichen Barmherzigkeit« auf: Eines ist die Erfahrung Gottes; die Ausstrahlung und Erbarmung derjenigen, die Gott erfahren haben, ist ein zweites; die Schönheit der Welt macht drei. »Das vierte Zeugnis« – schön nüchtern zum Abschluß – »ist die gänzliche Abwesenheit der Barmherzigkeit hienieden.« Angesichts dieses verblüffenden letzten Zeugnisses reibt sich der Leser die Augen und sieht sich der Herausgeber zu einer Fußnote genötigt: »Eben durch diese Antithese, in dieser Zerreißung zwischen den Wirkungen der Gnade in uns, der Schönheit der Welt um uns und der unerbittlichen Notwendigkeit, die das Weltall lenkt, erfahren wir Gott zugleich als dem Menschen gegenwärtig und als jedem menschlichen Maßstab unbedingt entzogen.«

Die Grausamkeit des Lebens vereint mit der Schönheit der Welt und unserem Gefühl von der Gegenwart Gottes will uns klarmachen, mit wem wir es zu tun haben, sofern es uns um solches Tun zu tun ist: mit dem ebenso immanenten wie transzendenten, erfahrbaren aber unerkennbaren, uns nahen und zugleich gänzlich fremden Gott. Inwiefern das seine Barmherzigkeit beweist, verstehe ich nicht.

Es gibt durchaus Leute, die sich trauen, das Ursein zu beschreiben. Hischam ibn al-Hakam, ein unorthodoxer moslemischer Theologe, schrieb: »Allah hat einen klar umrissenen Körper, breit, hoch und lang in gleichen Maßen, lichtstrahlend ... an einem überörtlichen Ort, wie ein Barren aus reinem Metall.«

Wie sieht die unzerstörbare »Buddhanatur« aus? »Wie die Scheibe der Sonne: Ihr Leib ist leuchtend, rund und voll, weit und grenzenlos.« So der Ch'an-Meister Hung-jen aus dem 7. Jahrhundert in seiner *Abhandlung über das Höchste Fahrzeug.* (Er fügte gleichsam Platonisch hinzu, daß sie im Körper aller Lebewesen wohne, »aber da sie von den finsteren Wolken der fünf Hemmnisse bedeckt ist, kann sie, wie eine Lampe unter einem Scheffel, nicht leuchten.«)

Hegel schrieb einen Brief an Goethe, in dem er sich ein »austernhaftes, graues oder ganz schwarzes... Absolutes« vorstellte.

Übel Wer ist tot? Den Newtonschen Gott nennen manche jene zuchtmeisterliche und antiquierte Gestalt, die Kinder quält und Irrende verstößt, die mit finsterem Gesicht auf dem Richterstuhl sitzt und rechnet und mit der Gewalt ihres Armes an sechs Milliarden Menschen Schicksale austeilt, Reichtum oder Siechtum, um uns, einen wie den andern, zu belehren, zu verwirren, zu maßregeln oder zu versuchen und uns, Tag für Tag, für unsere Gedanken, Worte und Taten zu bestrafen oder zu belohnen.

Den »großen neolithischen Allbesitzer«, nannte der Paläontologe ihn, den Gott des alten Kosmos, der noch nicht als die Seele der Welt, sondern als ihr Magier begriffen worden sei. Unter ihm war die Geschichte eine abgekartete Sache.

Und Gott war ein Legolandherrscher. Die Menschen hätten einst eine »deuteronomistische« Vorstellung von Gott gehabt, meint Rabbi Lawrence Kushner. Danach griff Gott »ohne menschliche Mittlerschaft« in menschliche Belange ein. (In Flauberts *Lehrjahre des Gefühls* macht eine Person einer andern den wunderbaren Vorwurf, sie ersetze »den Gott der Dominikaner, der ein Henker war, durch den Gott der Romantiker ... der ein Tapezierer ist«.)

Als erste theologische Aufgabe bezeichnete Paul Tillich es vor fünfzig Jahren, als dies bereits ein Gemeinplatz war, »die Absurdität in der Deutung« zu beseitigen.

Es ist ein alter Gedanke, daß Gott nicht allmächtig ist. Sieben Jahrhunderte sind vergangen, seit Thomas von Aquin schrieb, Gott habe nur Macht zu bewirken, was in der Natur der Dinge liege. Auch nach Leibniz muß Gott innerhalb der »möglichen Welt« wirken, was seinen Handlungsspielraum begrenzt. Inzwischen ist die Vorstellung von Gott dem Halbmächtigen bis zum Theologen auf der Straße hinuntergesickert. Der Paläontologe, erinnern wir uns, nannte seinerzeit die Auffassung, daß unser Leiden von einem allmächtigen Gott gesandt sei, »ein tödliches Ärgernis« und sah nur einen einzigen Weg, sie zu überwinden: »nämlich zu erkennen, daß Gott uns deshalb leiden, sündigen, zweifeln läßt, weil er es *nicht vermag,* sofort und auf einen Schlag, uns zu heilen und sich zu zeigen« – weil wir noch nicht hoch genug entwickelt seien. Paul Tillich erklärte in den vierziger Jahren, »Allmacht« symbolisiere das Vermögen eines höchsten Wesens, langfristig »die Angst der Endlichkeit zu besiegen«, ohne Endlichkeit und Angst jemals gänzlich ausräumen zu können. (Manche Theologen – Whiteheads Schule – retten das alte, logisch gefolgerte Bild von Gott mit der Behauptung, Gott besitze alle guten Eigenschaften in absolutem Maße, daher müsse er absolut empfindsam und somit absolut verletzlich sein. Sie konnten, als sie es seinerzeit so formulierten, noch nicht wissen, daß Gott sich damit anhört wie ein sensibler New-Age-Heini. Auf jeden Fall will es mir als eine absurde, wenn auch gut gemeinte Übung erscheinen, unser unvollkommenes Wissen von Gott strengen philosophischen Kategorisierungen zu unterwerfen.)

Weder schlägt Gott die Menschen mit Blindheit durch grünen Star, prüft sie mit Diabetes, läutert sie durch Ischiasschmerzen, choreographiert das Aussäen von Tumorzellen über die Lymphkanäle oder manipuliert Chromosomen, noch entfesselt er Flutkatastrophen oder läßt Wirbelstürme auf Städte los. Gott sinnt ebensowenig darüber nach, wen von uns er mit Vogelkopfzwergwuchs oder Elefantiasis zur Welt kommen läßt – oder durch Aids oder Nierenversagen, Herzleiden, Leukämie im Kindesalter oder plötzlichen Kindstod ums Leben bringt –, wie er Blitze auf Fußgänger schleudert, Steinlawinen auslöst oder Brände legt. Und für solche Ereignisse, von denen in Versicherungspolicen steht, sie seien »durch höhere Gewalt« verursacht, dürfte Gott am allerwenigsten verantwortlich sein.

Was also tut er, wenn überhaupt etwas? Wenn

Gott nicht alles Geschehen verursacht, verursacht er dann überhaupt ein Geschehen? Steht Gott völlig außerhalb des Kreises?

Manchmal bewegt sich Gott laut, als sauste er wie ein Kugelblitz durch die Gegend. Gott geht einen eigenartig persönlich an; dies weiß er wohl. Manchmal im Vorüberziehen zeigt er Seelen, die ihn suchen, einen Zipfel von sich, blendend hell oder undeutlich dunkel, und die Menschen, die diese Seelen in sich tragen, merken es staunend, und sie sehen die Sterne um sich herum tanzen und die Zellen in grünen Blättern strömen und sich vermehren. Er gibt nicht, wie die Welt gibt; er leitet einen unsichtbar über viele Jahre, oder er prügelt einen dreißig Sekunden lang durch. Er kann auch den Geist eines Menschen mit einem lauten Knall anstoßen, oder ein Geist kann die Aura seines herannahenden Geistes spüren. Solche Erfahrungen sind Geschenke für Anfänger. »Später«, sagte ein chassidischer Meister, »sieht man diese Dinge nicht mehr.« (Wobei Menschen aus unterschiedlichen Kulturen, die sie gesehen haben, sich – aus unbekannten Gründen und kraft eines nicht recht vorstellbaren Mechanismus – helfend und dienend den Armen und Notleidenden zuwenden.)

Gott steht weitgehend außerhalb des geschlossenen Kreises. Oder der Kreis läuft abgegrenzt in ihm um, als Loch in seiner Seite. Simone Weil greift einen Gedanken von Rabbi Isaak Luria auf, um darzustellen, daß Gott die Hände gebunden sind. Um die Welt zu erschaffen, habe Gott sich nicht ausgedehnt, sondern sich in sich zurückgezogen; er habe sich erniedrigt und verborgen und außerhalb seiner selbst das Reich der Notwendigkeit entstehen lassen, in das er nicht eingreife. Selbst im Reich der Seelen greife er nur »unter bestimmten Bedingungen« ein.

Macht Gott sich persönlich die Finger schmutzig, und sei es nur dann und wann? Wirkt, werkt, hört, zuckt, hilft Gott? Ist der Himmel beeinflußbar? Oder ist eudämonistisches Beten – um Dinge und Ereignisse, um Regen und Heilung – wahnhaft? Ärzte sind sich einig, daß Beten um Heilung das bewirken kann, was sie salopp als Wunder bezeichnen, wobei es sich dabei natürlich auch um Autosuggestion handeln könnte. Paul Tillich widmet in seiner dreibändigen *Systematischen Theologie* dem Beten nur wenige Absätze. Darin deutet er, ohne nähere Ausführungen, eine andere Erklärungsmöglichkeit an. Bitt- und Fürbittgebete haben die Macht, eine Situation zu verwandeln. Gott wirkt insofern an negativen Bedingungen im Leben mit, als sie in ihm enthalten sind und er sie letztlich in seinem lenkenden Schaffen überwindet. Das echte Gebet ist Hingabe an Gott; diese bereitwillige Hingabe verändert die Situation ein ganz klein wenig, indem sie zusätzliche Macht einbringt, die Gott benutzen kann. Da Gott in den und durch die gegebenen Bedingungen wirkt, fasse ich das so auf, daß in einer Situation auf Messers Schneide, wenn etwa das Leben eines Freundes auf dem Spiel steht, das hingebungsvolle Beten – auf welche Weise auch immer – genug Macht einbringen und so das Zünglein an der Waage bilden kann. Es wehrt zwar kein Erdbeben ab und hält keine Truppen auf, aber es kann unter Umständen Krebs eindämmen oder eine Lungenentzündung mildern. Für Tillich ist Gottes Handeln keineswegs ein übernatürliches Eingreifen, sondern vielmehr göttliches Schaffen – die fortwährende Schöpfung des Lebens mit all ihrer Größe und Gefahr. Ich weiß nicht. Ich hab von Gott keinen Schimmer.

Die Natur regelt ihre Vielheit. Gott erduldet gemeinsam mit uns die Notwendigkeiten der Welt und erduldet unsere Abwendung von ihm und teilt unser Exil. Christen könnten hinzufügen, daß Christus gewissermaßen für alle Zeit am Kreuz hängt, je und je Fleisch geworden und je und je von Nägeln durchbohrt.

Jetzt »Geistiger Weg« ist die gängige Verniedlichung für die nachtfinsteren Höhen und die windgepeitschten Hügel, auf denen Leute jahrzehntelang mit dem Ziel herumirren, das Absolute zu erkennen. Hier und dort unter den Sternen entdecken sie andere, die in der offenen Landschaft an Wachfeuern lagern, zu mehreren oder allein; sie machen für eine Nacht oder für mehrere Jahre Rast und ziehen dann weiter, ohne zu wissen, wohin oder warum. Sie halten nichts fest, was sie finden, sondern heben jeden Stein auf, tragen ihn eine Zeitlang mit sich herum und lassen ihn dankbar ohne Bedauern wieder fallen, denn er ist nicht das Absolute, auch wenn sie nicht sagen können, was es ist. Daß ihr Leben so ein hehres, unerreichbares Ziel hat, rechtfertigt die Bezeichnung

»geistig«. Nichts hingegen rechtfertigt die Bezeichnung »Weg« für dieses richtungslose und leere Umherstolpern, dieses umnachtete Vagabundieren – nur eines: Sie geben nicht auf. Sie bleiben dabei. Jahr um Jahr setzen sie einen Fuß vor den andern, obwohl sie nirgends hinkommen. Jahr um Jahr tasten sie im Dunkeln den Boden nach Brocken ab.

Der Planet dreht sich unter ihren Füßen wie ein Wasserrad; die Gestirne wandern, ohne daß jemand an Boden gewinnt. Sie stellen sich dem unsichtbaren Blick der Leere. Warum machen sie das? Sie hoffen zu erfahren, wozu sie nütze sein können.

Ihre Füße verfangen sich in Netzen; sie entwirren sie, wenn sie es merken, und gehen weiter. Sie hoffen zu erfahren, woher sie kommen. »Unablässig lehrt die Seele«, sagte Rabbi Pinchas, »aber sie wiederholt nicht.« Jahrzehnt um Jahrzehnt vergeht, ohne daß sie einen Fortschritt erkennen. Doch wenn sie hinsehen, merken sie, daß sie den Zweifel hinter sich gelassen haben. Schon vor Jahrzehnten haben sie das Herumzweifeln an dieser oder jener Lehre hinter sich gelassen, sind ihnen die Lehren selbst unwichtig geworden. Und mittlerweile, meine ich, haben sie auch den frühen Zweifel daran hinter sich gelassen, daß dieses hilflose nachtblinde Haschen nach dem Unsichtbaren eine sinnvolle Art ist, sein Leben zu verbringen.

»Taucht in die Materie ein«, sagte Teilhard – ein andermal sprach er vom Eintauchen in Gott. Und er tat diesen schönen Ausspruch: »Mit Hilfe sämtlicher Geschöpfe ohne Ausnahme bedrängt uns, durchdringt uns, formt uns das Göttliche. Wir glaubten es fern, unzugänglich: wir leben eingetaucht in seine glühenden Schichten.«

Wenn man dem Son-Meister Chinul glauben darf, verhalten sich Wissende »in allen Dingen ... wie auf den Wellen treibende leere Boote ... heute heiter hingegeben dem Strom der Natur, morgen dem Strom der Natur heiter hingegeben.« Sprach er von Menschen, die heute ausgestorben sind?

Erst »in der vollen Diesseitigkeit des Lebens« lernt man glauben. Man muß völlig darauf verzichten, »aus sich selbst etwas zu machen – sei es einen Heiligen oder ... einen Gerechten«. Dietrich Bonhoeffer schrieb dies ein Jahr, bevor die Nazis ihn wegen Widerstands gegen den Nationalsozialismus und angeblicher Attentatsabsichten gegen Hitler hängten, in einem Brief aus dem Gefängnis.

»Ich kann und muß mich mitten in die menschliche Mühsal hineinwerfen, ohne ans Atemholen zu denken«, sagte Teilhard, der nie einen Gedanken ans Atemholen verschwendete. Aber was unterscheidet das Ertragen »der vollen Diesseitigkeit des Lebens« (Bonhoeffer) oder das Eintauchen »mitten in die menschliche Mühsal« (Teilhard), wie es diese beiden Beter praktizierten, von jedem anderen tätig im Alltag gelebten Leben? Vom Leben eines ganz normalen Maklers, vom Leben einer Schuhverkäuferin, eines Automechanikers, einer Schriftstellerin, einer Bäuerin? Wo sonst leben? Die Welt und die menschliche Mühsal ergreifen alle, die leben, und halten sie fest, mit Ausnahme einer Handvoll Penner, Nonnen und Mönche. Waren diese beiden Männer besonders begriffsstutzig, daß sie erst jahrelang lernen mußten, was jedes Schulkind längst weiß, nämlich daß das Leben hier alles ist, was es gibt? Die Kirchenoberen in Rom und die Gestapo verboten ihnen zu lehren (so wie die römische Besatzungsmacht es Rabbi Akiva verboten hatte). Der eine ging in seiner Begriffsstutzigkeit ins Gefängnis und starb auf dem Schafott. Der andere hielt in seiner Begriffsstutzigkeit seine Gelübde, trotz Roms sturer Ignoranz und frommer Grausamkeit und trotz der dringenden Bitten einer Frau, die er liebte. Nein.

Wir leben voll und mitten in allem, was wir suchen. Das Verborgene liegt nur zu deutlich vor Augen. Es ist gefangen auf der Oberfläche des Sichtbaren – der Menschen, Ereignisse und Alltäglichkeiten –, das wir weltklugen Kinder längst schon nicht mehr wahrnehmen. Ein raffiniertes Versteck: Die Heiligkeit ist breit auf der Oberfläche von Zeit und Stoff aufgetragen wie Farbe.

Was tun? Es gibt nur Materie, sagte Teilhard; es gibt nur Geist, sagten die Kabbalisten und Gnostiker. Dies sind im Wesen identische Auffassungen. Beide nötigen eine einzelne Seele zu dem Unterfangen, die Welt zu heiligen, zu verwandeln und zu vervollkommnen beziehungsweise – wie diese Denker sagen, so als ob es doch beides gäbe, Materie und Geist – »ein wenig mehr Materie dem Geist zu unterwerfen«, »die Gefallenen zu heben und die Gefangenen zu befreien«, »an diesem unserem Ort eine Stätte für

Gottes Einwohnung« zu stiften, zu »wirken ... an der Erlösung der Welt«, die »erwählte Substanz auszupressen, ohne etwas verlorengehen zu lassen«, »in dem Bezirk der Schöpfung, mit der wir leben, der heiligen Seelensubstanz zur Vollendung« zu verhelfen, »die zerbrochene Einheit der göttlichen Welten zu heilen«, »die Pforten des Geistes zu sprengen« und zu rufen: »Laß mich hindurch!«

Als einer seiner Chassidim sich beklagte, daß Gott sich verberge, entgegnete Rabbi Pinchas: »Weiß man, daß es ein Verbergen ist, dann ist es ja kein Verbergen mehr.« Doch, es ist und bleibt ein Verbergen, immer, unter allen Umständen, für jeden.

Siebtes Kapitel

Geburt Unser Leben ist gratis; wer kommt, kriegt es geschenkt, wie beim Ladenbesitzer den Wein. Gott gießt die zeitliche Welt in einem Strom aus, und das Höchste, was wir uns erhoffen können, ist, bewußt und leer in diesen Strom zu tauchen und ihn durch uns hindurchzuschleusen und weiterfließen zu lassen.

In Galiläa paarten sich überall die Vögel. Ich sah Alpensegler, die sich in der Luft begatteten. Im Kibbuz Lavi, in der weiten Hügellandschaft über dem See Genezareth, hundert Meter über mir am Himmel, vollführten die beiden Segler gemeinsame Flugbewegungen, fielen und fingen sich wieder. Diese Alpensegler waren groß und unten weiß. Wie paaren sich Vögel im Flug? Sie fangen hoch oben an. Durch ihr Flügelschlagen geraten sie manchmal in eine ungeschickte Schieflage, so daß die winzigen Partien, an denen sie vereinigt sind, getrennt werden; oft hört einer der beiden auf, die Flügel zu bewegen, und sie verlieren an Höhe. Sie fliegen auseinander, ruhen sich einen Augenblick auf einem Baum aus und starten erneut. Jeder für sich streben sie schnell und zielgerichtet nach oben, bis man nur noch winzige Flekken sieht, die sich jagen, sich vereinen – du hier, mitten in all dieser Luft! – und abwärts kreiseln; ein herzzerreißender Anblick. In der Abenddämmerung, so erfuhr ich später, steigen sie so hoch, daß sie nachts tatsächlich in der Luft schlafen können.

Vögel paarten sich auf der nackten Erde, auf Zäunen und Straßen, in Bäumen auf Ästen. Viele von ihnen waren Zugvögel aus Afrika; wie die Menschen folgten sie dem fruchtbaren Grabensystem nach Norden, weil sie dort reichlich Nahrung fanden. Ich sah einen großköpfigen Wiedehopf aus einem Eukalyptus auf einen Zaun fliegen. Aufgeregt stellte er in einem fort seinen Schopf auf und legte ihn wieder an, wie ein Kind, das mit einem Fächer spielt. Ein anderer Wiedehopf hüpfte in einem nahen Mönchspfefferbaum herum. Sie sahen abenteuerlich aus: rötlich isabellfarben, mit auffallenden schwarzweißen Flügeln und Schwänzen, die Köpfe mit einem großen Federbusch geschmückt. Das dritte Buch Mose 11,19 verbietet den Israeliten, Wiedehopfe zu essen, nebst Störchen, Reihern und Fledermäusen.

Rabbi Menachem Nachum von Tschernobyl: »Alles Sein kommt von Gott, und die Gegenwart des Schöpfers ist in jedem erschaffenen Wesen.« Diese zwiefache Sicht ist Pan-entheismus – ein Wort, das ich mit Bindestrich schreibe, um den Unterschied zum Pantheismus hervorzuheben. Der Pan-entheismus ist laut David Tracy, Theologe an der Universität Chicago, die private Weltanschauung der meisten christlichen Intellektuellen heute. Nicht nur ist Gott allen Dingen immanent, wie es die normalen Pantheisten vertreten, sondern vor allem sind alle Dinge gleichzeitig auch in Gott, in dem transzendenten Gott. Es gibt eine Gottheit, nicht bloß Dornbüsche.

Ich sah Tauben, die sich im Sand paarten. Es war früher Morgen. Das Männchen traktierte das Weibchen auf einem Weg oben auf dem Kamm eines Hügels. Hinter ihnen lag der See Genezareth in blauem Dunst, und nördlich lagen der Berg Meron und die Stadt Safed an den Hängen des Bergs Kanaan. Im nahen Gestrüpp gurrten weitere Tauben. Für die Schriftstellerin Florida Scott Maxwell klingt es, als sagten Tauben: »Too true, dear love, too true.« Doch für die Dichterin Margaret Gibson sagen die Tauben in Mexiko: »No hope, no hope.« Ein nach den Geboten lebender Jude spricht ein Dankgebet, wenn er eine Landschaft sieht – Berge, Hügel, Meere, Flüsse und Wüsten, ziemlich unvermeidbare Anblicke, wie man meinen sollte. »Gepriesen seist du, Gott unser Gott, König der Welt, der die Schöpfung macht.« Wenn man das Meer wiedersieht, etwa das Mittelmeer nach einem Zeitabstand von dreißig Tagen, sagt man: »Gepriesen seist du, Gott unser Gott, König der Welt, der das große Meer gemacht hat.«

Später, bei einem nachmittäglichen Nieselregen, sah ich Schnecken zu, die sich unter Blättern auf einem nassen Stein paarten. Die erste Stunde über stieß das Männchen seinen weichen Kopf ein ums andere Mal gegen den des Weibchens. Manche

Schnecken haben rechts am Kopf einen sogenannten Liebespfeil. Sie zog die Fühler ein. Um ihren Kopf zu stupsen, hatte er sich weit aus seinem Haus geschoben und sich um sie herumgelegt. Anfangs streckte auch sie sich ihm ein wenig entgegen, und ihre Berührungen wirkten, als küßten sie sich. Im Lauf der zweiten Stunde zog sie ihren Kopf vollständig ein, ohne jedoch auch den Fuß einzuziehen, und er steckte den Kopf zu ihr ins Haus, wie um zu fragen, ob sie noch Lust habe auf Kopfstupsen. Ich überließ sie ihrem Spiel und ging. Alle Religionen Abrahams bestreiten, daß die Welt, die bunte Vielfalt, die uns umgibt und uns in ihrem Griff hält, Illusion ist, auch wenn jeder von Zeit zu Zeit erleben kann, daß der schillernde Schleier sich vor ihm teilt. Aber niemand kann bestreiten, daß Gott per se gänzlich unsichtbar ist, oder kann bestreiten, daß seine Stimme sehr still, sehr leise ist, oder kann erklären, warum.

In der Nacht war Vollmond. Ich sah ihn über einem Kapernstrauch, einem stillen Terebinthenhain und einer Myrte aufsteigen. Der Talmud sagt, wenn jemand sich fürchtet, nachts hinauszugehen, wiegt eine Fackel zwei Begleiter auf und der Mond drei Begleiter. Gepriesen seist du, Gott unser Gott, König der Welt, der die Abende dämmern läßt; von dessen Kraft und Allmacht die Welt voll ist; der mir ein Wunder an diesem Ort getan; der uns hat leben lassen und uns erhalten hat und uns hat gelangen lassen zu dieser Zeit.

Am nächsten Morgen waren die getigerten Schwalbenschwänze an der Reihe. Er trug sie in der Luft herum. Ihre Flügel lagen eingefaltet und angeschmiegt auf ihrem Rücken. Obgleich er für zwei flog, waren seine Bewegungen nicht im geringsten schwerfällig. Er ließ sich an einem sonnigen Fleck auf einem Fichtenzweig gut zwei Meter über dem Boden nieder. Sein Hinterleib war steil gekippt, um den ihren zu halten.

Viel los in diesem Kibbuz. Die Sonne machte Risse in den Boden, und der Regen sprengte die Knospen. Wilder Senf sproß auf Feldern voll Ehrenpreis und hartäugigen Margeriten; an den Gräben tummelten sich Bienen in den Malven. Als ich nach den Schnekken schaute, fand ich in der Erde ein nasses Häuflein Eier, das wie Silber aussah. Manche Schnecken bringen lebendige Junge zur Welt: vollständig ausgebildete, ganz kleine Schnecken. Wie viele von diesen Sprößlingen – von den Wiedehopfen, Tauben, Schnecken und Schwalbenschwänzen – würden sich normal entwickeln? Der Prozentsatz – der Anteil der Normalen – liegt irgendwo deutlich über neunzig. Natürlich werden die meisten von ihnen bald gefressen.

Sand Bei der Einnahme von Syrakus durch die Römer zeichnete Archimedes weiter Parabeln in den Sand, ohne auf den Tumult ringsherum zu achten. Als ein Soldat ihn erspähte und ihn vor den römischen General schleppen wollte, sagte Archimedes: »Störe meine Kreise nicht.« Und er beschied den Soldaten: »Warte, bis ich meinen Beweis fertig habe.« Anscheinend nicht zum Warten aufgelegt, tötete der Soldat ihn auf der Stelle.

Gegen Ende seines Lebens brachten die Schriftgelehrten eine Frau, die beim Ehebruch ertappt worden war, zu Jesus; sie stellten sie vor ihn, während er auf dem Tempelgelände lehrte. Das Gesetz gebiete, sie zu steinigen. Was er dazu sage.

Jesus aber bückte sich und schrieb mit dem Finger auf die Erde, als hätte er sie nicht gehört.

Als sie beharrlich weiterfragten, richtete er sich auf und sprach zu ihnen: Wer unter euch ohne Sünde ist, werfe den ersten Stein auf sie. Und er bückte sich wieder und schrieb auf die Erde.

Da gingen sie hinaus, möglicherweise von ihrem Gewissen überführt, die Ältesten voran und die Jüngsten zuletzt, »und er blieb allein zurück mit der Frau, die in der Mitte war. Da richtete sich Jesus auf und sprach: Weib, wo sind sie?« Er hieß sie gehen.

Ich sah eine barfüßige Frau, die einen kahlen Baum malte; sie trug einen blauen Schal und malte mit einem Eukalyptuszweig im Sand. Ich sah ein palästinensisches Kind, das sich hinter die Beine seines Kamels hockte und seinen Namen in den Sand pinkelte. (Wofür sich die arabische Schrift vergleichsweise gut eignet.) Unter dem Kamel wand sich ein Rinnsal über den Staub wie eine Schlange. Später bat mich der Kleine, der Esau hieß, um eine Zigarette, und als ich ihm keine gab, um mein Feuerzeug. Was wollte er mit dem Feuerzeug? Kaffee kochen. Trank er gern Kaffee? »Yes«, sagte Esau. »I am Bedu boy!«

Eine der besten Geschichten von den frühchristlichen Wüsteneinsiedlern geht so: »Abbas Lot besuchte den Altvater Joseph und sagte zu ihm: ›Nach meinem Vermögen verrichte ich mein kleines gottesdienstliches Gebet, mein bescheidenes Fasten, das Privatgebet, die Betrachtung und übe die Herzensruhe, und entsprechend meiner Kraft bin ich rein in Gedanken. Was soll ich weiter tun?‹ Da erhob sich der Greis, streckte seine Hände zum Himmel aus, und seine Finger wurden wie zehn Feuerlampen, und er sprach zu ihm: ›Wenn du willst, dann werde ganz wie Feuer!‹«

China Anfang Frühjahr 1930: Pater Teilhard saß mit seinem Kollar um den Hals beim Nachmittagstee im kleinen Pekinger Garten seiner neuen Freundin, einer Amerikanerin namens Lucile Swan. Er saß aufrecht und entspannt auf einem Bambusstuhl an einem Rohrtisch und unterhielt sich sichtlich gut gelaunt. Es gibt ein Foto der Szene. Lucile Swan saß ihm zugewandt auf einem andern Bambusstuhl; sie wirkte außerordentlich animiert. Ein Stirnband hielt ihr kurzes, lockiges Haar aus dem klaren, großflächigen Gesicht. Sie trug einen offenen Anorak und lange Hosen; vielleicht war es ein wenig zu kühl, um draußen Tee zu trinken. Ihr kleiner weißbrauner Hund saß ihr zu Füßen und beobachtete das muntere Paar, ganz Ohr.

Teilhard war neunundvierzig; sie war vierzig, Bildhauerin, geschieden. Es war über ein Jahr nach der Entdeckung des Pekingmenschen; er lebte in einem Dorf unweit der Höhle von Choukoutien und kam einmal in der Woche nach Peking. Die beiden hatten sich bei einem Diner kennengelernt. Sie mochten sich sofort: »Zum erstenmal seit Jahren fühlte ich mich wieder jung und hoffnungsfroh«, erinnerte sie sich. Sie war auf einem episkopalischen Internat gewesen und hatte am Art Institute of Chicago studiert. In Peking schuf sie Porträtbüsten und Statuen in Ton und Bronze und halb abstrakte Figurengruppen; ihre Werke wurden zu ihren Lebzeiten häufig ausgestellt. Schon bald gaben die beiden ihren gemeinsamen Tagen in Peking einen geregelten Ablauf: Sie gingen zusammen spazieren, tranken nachmittags ihren Fünfuhrtee, und gegen sechs kehrte er in das Haus der Jesuiten am andern Ende der Stadt zurück. Während jener ersten Jahre lachten sie viel – unter anderm über die amerikanischen Bildergeschichten von »The Little King«, die Lucy in ihren Ausgaben des *New Yorker* fand und für ihn übersetzte. Der Klang ihres gemeinsamen Lachens schallte über die Mauern der Höfe.

»Lucile hatte ein feingeschnittenes Gesicht und eine vollbusige Figur«, erinnerte sich ein Freund, der sie bisweilen zum Tee besuchte. »Sie wurde von allen geliebt, die sie kannten, denn sie strahlte Herzlichkeit und ehrliche Empfindung aus.« Und Pater Teilhard war »ein hagerer, patrizischer Priester ... ganz der kantige Aristokrat. Seine Aufmerksamkeit, ernst, heiter, forschend, war stets nach außen gerichtet. Und immer war er voll dezenter Rücksicht auf sein Gegenüber und ohne jedes Eigeninteresse.«

Juni 1930: »Unsere blauen Zelte stehen dicht an einer fossilführenden Steilwand, mit Blick auf die unermeßlich weiten ebenen Flächen der Mongolei«, schrieb er. »Wir leben und wir arbeiten in absoluter Einsamkeit.« Er wußte, daß er diesen Brief auf Monate hinaus nicht würde abschicken können, denn er hielt sich an den wilden Randbezirken der Äußeren Mongolei auf. »Abgeschnitten von jedem Briefverkehr fühle ich, wie meine Pariser ... Überlegungen und Hoffnungen notgedrungen in mir schlummern.« Er schrieb noch keine Briefe an Lucile Swan. In der Wüste Gobi – »gewaltige, karge Ebenen« – verlor er ein Feuerzeug. Sowas kommt vor.

Er hatte seine Ausgrabungstätigkeit in den Höhlen von Choukoutien unterbrochen, um sich einer amerikanischen Expedition anzuschließen, der Central Asiatic Expedition des American Museum of Natural History von 1930, wie sie offiziell hieß, geleitet von Roy Chapman Andrews. Schon in den vorangegangenen fünf Jahren war er die meiste Zeit über auf Maultieren unterwegs gewesen, um in den großen Sümpfen der Gobi zu graben; die Expedition von Roy Chapman Andrews sollte ihn in noch entlegenere Gegenden bringen. Um den Pekingmenschen in einen Kontext setzen zu können, wollte er die Erdgeschichte des Quartärs in ganz Asien erforschen. Und tatsächlich machte er im Laufe der langsam durch die Wildnis kriechenden Expedition, die fast ein Jahr dauerte, die Entdeckungen, die es ihm erlaubten, die chinesischen und die mongolischen Erdschichten in Verbindung zu bringen und zu datieren.

Die Andrews-Expedition war für den an Maultiere gewöhnten Monsieur ein Aufstieg. Sie fuhren mit Dodge-Lastwagen. Kamele transportierten das Benzin. Beim Graben stießen sie tagtäglich auf fünf bis zehn giftige braune Grubenottern. Die Ottern schärften ihre Wachsamkeit, berichtete ein Teilnehmer; typischerweise erwähnt Teilhard sie in seinen Briefen nie. Er mochte Roy Chapman Andrews gern, der sich als Entdecker von Dinosauriereiern einen Namen gemacht hatte. »Ein wunderbarer Erzähler«, beschrieb er ihn, und ein Jäger, der, wenn es an Fleisch mangelte, in die hellen Weiten hinausfahren und »eine Stunde später mit ein bis zwei an den Trittbrettern des Wagens befestigten Gazellen zurückkommen« konnte. Teilhards eigene Vitalität labte sich weiterhin an scheinbaren Paradoxen. Der Mann, den seine dreißig Monate im Krieg an der Front nach eigener Aussage »sehr mystisch und sehr realistisch« gemacht hatten, schrieb jetzt aus seinem blauen Zelt in der Mongolei: »Regen, Stürme und Staub, eisiger Wind haben mir nur das Blut gepeitscht und mich erfrischt.« Sie nannten den Ort Wolf Camp, weil dort Wölfe und Adler jagten.

»Die Reinheit liegt nicht in der Absonderung vom Universum«, schrieb er, »sondern in einer tieferen Durchdringung.«

Im Jahr darauf schloß er sich einer französischen Expedition als Geologe an. Diese Croisière Jaune von 1931 dauerte neun Monate und führte quer durch Asien bis an die russische Grenze. Er verdoppelte seine Kenntnisse Asiens. Auf dem Weg nach Westen ging ihm eines Tages auf, daß er schon auf halbem Weg von Peking nach Paris war. Er und die andern Franzosen fuhren mit Kettenfahrzeugen über »große unpassierbare Bodenfalten«. Sie bezwangen die endlosen Wellen der Gobi-Peneplain und die monumentalen Landschaftsformen des asiatischen Hochlandes. Sie durchquerten ein Gebiet, in dem die Berge sich sechstausendvierhundert Meter hoch erhoben. Auf der Nordroute der Seidenstraße gelangten sie westwärts in den Pamir bis nach Afghanistan. Unterwegs, berichteten die andern, habe der Paläontologe oft sein Citroën-Halbkettenfahrzeug angehalten, um ins wüste Gelände vorauszulaufen und einen abgeschlagenen grünen Stein, einen Paläolithen oder ein Knochenstückchen aufzuheben.

»Diese ungeheure, an das Meer erinnernde Weite, von schroffen Felsgraten durchfurcht, von Gazellen bevölkert, mit weißroten Lamaklöstern betupft«, sie packte ihn, und zugleich empfand er sie als nah. Er untersuchte den Übergang, wo »der gewaltige Kamm des Himmelsgebirges« an seinem Fuß steil in die Turfansenke abfiel, bis auf zweihundert Meter unter dem Meeresspiegel. Die Turfansenke wiederum ging in eine »unermeßlich weite Niederung« über, in der der Tarim »im veränderlichen Becken des Lop-Nor« versickerte.

»Sie sehen, ich weiß weiterhin nicht, wohin das Leben mich führt«, schrieb er an seinen Freund Max Bégouën. »Ich fange an zu glauben, daß das immer so sein wird und daß der Tod mich unterwegs ereilen wird, wie ich immer gelebt habe.« Er hatte recht, was sein Leben und was seinen Tod betraf.

Frithjof Schuon resümierte den gnostischen Denker Marco Pallis so: »Es ist immer der Mensch, der abwesend ist, nicht die Gnade.« Staaten, Institutionen und die meisten Leute haben einen Widerwillen gegen echte Religion, und deshalb verfolgen sie manchmal ihre Vertreter, denn überall in der Welt hoch angesehen sind, nach der treffenden Formel von Marcus Borg, »Erfolg, Wohlstand und Aussehen«, und starke Seelen, heißt es, sehen genau diese Dinge als Fallen an und suchen ihnen zu entkommen.

Die mitten im Winter zurückkehrende Croisière Jaune erkundete ein bis dahin noch unvermessenes riesengroßes Gebiet der Gobi. Die Temperatur lag konstant zwischen –20 und –30° C. Die Männer trauten sich nicht, die Motoren der Kettenfahrzeuge auszustellen. Zweimal am Tag machten sie Rast, stellten sich, fast bis zur Bewegungsunfähigkeit in Pelze gemummelt, an das Verpflegungsfahrzeug und versuchten, kochende Suppe aus Blechnäpfen zu trinken, bevor sie gefror.

Wolken Am 2. Juli 1975 berichtete der *Baltimore News-American*, daß am Tag zuvor eine Sandwolke, die aus der Sahara Tausende von Meilen nach Westen geweht war, den größten Teil der Karibik mit einem Dunstschleier überzogen habe. José Colón, Chefmeteorologe des US-amerikanischen Wetterdienstes für die Karibik, sagte, die Wolke sei »die dichteste seit vielen Jahren« und könne noch tagelang über der Karibik hängen.

Am 30. Juli 1981 fertigte die Malerin Jaqueline Gourevitch eine Kohlezeichnung von sieben Wolken über Middletown in Connecticut an. Die größte der Wolken tanzte aus der Reihe. Dunkel und an einem Ende aufgestülpt wie ein Ärmel schien sie den Luftraum zu verletzen, sich wie entgrenzt über mehrere Schichten der Atmosphäre zu wälzen.

Zahlen Wenn sich Sand und Schmutz über alles breiten, warum wirkt es dann auf jede neue Generation frisch und unverbraucht? Natürlicher und menschlicher Unrat läßt die Kontinente steigen, und obendrauf sprießt Grün. Es ist alles nur Kulisse – wir wissen das –, eine temporäre Bühne über vielen Schichten anderer Bühnen. Doch jedes Jahr tragen Pilze, Bakterien und Termiten die alte Bühne ab, und jedes Jahr frischt ein neuer Schwung Sand, Gras und Laub die Kulisse wieder auf und schafft die perfekte Illusion, daß unsere Welt, jetzt, neu und allentscheidend sei. Als Keats in Rom war, erblickte er über sich Granatapfelbäume; sie blühten in dem Staub, der sich in die bröckelnden Mauern des Kolosseums gesetzt hatte. Wie können wir an unserer eigenen Zeit zweifeln, in der jeder aufstrahlende Moment die Zukunft anschneidet? Indem wir leben und vorangehen, eröffnen wir das Licht der Gegenwart, wie der Bug eines Kanus das Wasser teilt.

Auf allen Ackerböden der Welt pflanzen wir unser Getreide über Gräbern an – sicher, das ist nichts Neues. Aber haben wir nicht den Eindruck, die dahingegangenen Generationen seien düster und starr wie Mumien und ihre Zeiten je schon verblichen wie die gemalten Szenen an den Wänden von Pompeji?

Wir leben auf vermintem Land. Die Natur selbst ist eine offene Falle. Niemand kommt durch, keiner entwischt. Du und ich werden wahrscheinlich an einer Herzkrankheit sterben. Zu den meisten anderen Zeiten hätten Hunger oder Bazillen unserem Leben ein Ende gesetzt, bevor unsere Herzen versagten. Es sind, habe ich irgendwo gelesen, insgesamt mehr Menschen beim Fischen ums Leben gekommen als bei jeder anderen menschlichen Tätigkeit, Krieg eingeschlossen. Heute beträgt die Lebenserwartung der Engländer 76 Jahre, der Italiener 78 Jahre, der Menschen in China 68 Jahre, der Costaricaner 75 Jahre, der Dänen 77 Jahre, der Kenianer 55 Jahre, der Israelis 78 Jahre und so fort. Amerikaner leben durchschnittlich 79 Jahre. Davon verschlafen wir 28 und sind die übrigen 51 wach. Was hast du von deiner Lebenserwartung noch übrig? Ich knie auf dem Boden, spiele »52 Heb-auf« und suche die Wochen im Jahr.

Wir sind ungefähr die 500. zivilisierte Generation, gezählt von vor 10 000 Jahren an, als wir seßhaft wurden. Wir sind die 7500. Homo-sapiens-Generation, gezählt von vor 150 000 Jahren an, als unsere Spezies vermutlich entstand. Und wir sind die 125 000. Menschengeneration, gezählt von den ersten Anfängen der Gattung Mensch überhaupt. Doch wie sollen wir uns als bloß vorübergehende Besetzung für ein ewig laufendes Stück begreifen, wenn um uns neue Vogelscharen tirilieren und neue Wolken ziehen? Andere Lebewesen, Hyänen und Bakterien etwa, schaffen die Toten fort wie Bühnenarbeiter, die zwischen den Szenen eilig die Requisiten verräumen.

Um einen Wohnort zu erhalten, solange wir darauf leben, kehren oder schaufeln wir den angewehten Sand fort und beschneiden oder verbrennen den Wildwuchs. Wir mähen das Gras auf der Höhe der Gegenwart.

Israel Es war windig an der Westmauer – dem Kotel – in Jerusalem. Der Wind riß uns fast die Kleider vom Leib, hier an diesem letzten Überrest des Tempels, der 70 n. u. Z. von den Römern zerstört wurde. Ein chassidischer Jude hielt seinen Hut in den Wind, und beide Seiten seiner langen schwarzen Kapote füllten sich wie Segel.

Zusammen mit anderen geduldeten Touristen betete ich an und durch die Steine hin, preßte Stirn und Fäuste an die körnige Oberfläche und trat wieder zurück. Menschen beten seit Jahrhunderten hier an der Mauer und stecken aufgeschriebene Gebete zwischen die Steine. Ein Engel, heißt es, sammelt die Zettel in einem Seidenbeutel ein und stellt sie zu. Ich sah einen von diesen Zetteln davonwehen. Ein rotes Stück Papier wirbelte im Wind durch die Menschenmenge und tanzte die Stufen der Esplanade hinunter. Ich rannte hinterher und bekam es auf dem Pflaster zu fassen.

Bevor ich das rote Papier wieder in eine Mauerritze klemmte, faltete ich es auseinander. Es war zu einem Umschlag geknifft. Drinnen lag ein ganz klein zusammengefaltetes weißes Zettelchen, auf dem mit zarter Schrift ein Gebet geschrieben stand:

– que le
garçon, dont
j'ai rêvé, me
parle.

An der Klagemauer in Jerusalem hatte Rabbi Abraham Halevi – ein heiliger Mann aus Safed und ein Schüler Lurias – eine Vision der Schechina, der verbannten göttlichen Herrlichkeit selbst, der Gegenwart Gottes. Er sah sie in schwarzer Witwenkleidung trauernd auf der Westmauer, »wie sie der Prophet Jeremia gesehen hat, als sie mit zerzaustem Haar aus dem Allerheiligsten herauskam«. Er wurde ohnmächtig. Als er aufwachte, sah er, »daß die Schechina seinen Kopf zwischen ihre Knie nahm und seine Tränen fortwischte«.

Von der Vision, die Jeremia zu seiner Zeit hatte, wird folgendes berichtet: Als er weinend nach Jerusalem hinaufging, kurz nachdem die Engel des Herrn den Tempel in Brand gesteckt hatten, sah er »eine Frau auf dem Gipfel des Berges sitzen. Ihre Kleider waren schwarz, ihre Haare zerzaust, und sie schrie, wer sie trösten würde.« »Ich bin deine Mutter Zion«, sagte sie zu ihm, »die Mutter der sieben.«

Am 4. Mai 1995 kaufte ich in Israel eine *New York Times* und erfuhr, daß ein chassidisches Mädchen aus Brooklyn in einem Wald im nördlichen Connecticut verschollen war.

Das vermißte Mädchen, die vierzehnjährige Suri Feldman, war auf einem Schulausflug nach Sturbridge Village in Massachusetts verschwunden. Insgesamt 237 Lehrer und Schüler hatten noch im Bigelow Hollow State Park in Connecticut, unweit der Grenze zu Massachusetts, zu einem Waldspaziergang Halt gemacht. Suri Feldman setzte sich im Wald von der Gruppe ab, und als die Busse weiterfahren wollten, konnte niemand sie finden. Polizisten aus Connecticut und Massachusetts waren dabei, die mit Pinien und Lorbeer bewachsenen Hänge zu durchsuchen. Wer sind wir Individuen?

Begegnungen Wieder einmal lief ich mit anderen weit verstreuten Leuten über offenes Gelände, diesmal auf einer abgerundeten, 588 Meter hohen Bergkuppe. Vom Berg Tabor aus stürzten sich 1125 v. u. Z. Deboras Truppen unter Führung von Barak auf Sisera, den Feldherrn der Kanaaniter, und seine neunhundert eisernen Wagen. Später standen drei wandernde einstige Fischer auf dem Gipfel des Tabor – oder des Hermon –, als sie Jesus von Licht verklärt sahen und Mose und Elia mit ihm im Gespräch. Am Tabor besiegte der römische General Placidus 67 n. u. Z. die Juden. Jetzt stand ich auf einer Anhöhe und blickte über das weite Tal zum blauen See Genezareth. Der Hermon ragte wuchtig nördlich des Sees auf, und durch das Tal zog sich der

Jordan. Der Wind trug Sand vor sich her. Ein windzerzauster Rabe segelte schräg vorbei. Im Westen erhob sich die Karmel-Kette vor dem Mittelmeer. Wo ich hinschaute, sah ich rote und graue Hügel und dürre Bergrücken.

In der Nähe taten es mir andere Leute gleich – sie blickten mit zusammengekniffenen Augen nach Osten in den Wind. Wir waren alle mit Autos fast ganz bis oben auf den kahlen Berg gefahren und dann über mehrere steinerne Treppen zum Gipfel spaziert. Ich wandte mich zum Gehen.

Als ich die ersten Stufen hinabstieg, schlüpfte eine warme Hand in meine und ergriff sie. Ich sah mich um: Ein etwa sechzehnjähriges israelisches Mädchen mit Down-Syndrom hielt meine Hand. Ich erkannte die vertrauten treuherzigen Augen, das dünne Haar, den leicht gedrungenen Schädel, ihr weiches, vorgeschobenes Kinn. Weltweit ist ungefähr eines von siebenhundertdreißig Neugeborenen ein Down-Syndrom-Baby. Das Mädchen erwiderte mein Lächeln, und ihr offenes Haar wehte im Wind; ihre Wangen glühten. Sie hielt bis zur letzten Treppenstufe vertrauensvoll meine Hand fest. Dann ließ sie los und ging wieder zu ihrer Gruppe. Ich setzte meine Fahrt in die schwarzen, vulkanischen Golanhöhen fort, die Israel 1967 im Krieg gegen Syrien eingenommen und 1981 offiziell annektiert hat. Nichts Böses und nichts Verderbliches wird man tun auf meinem ganzen heiligen Berge.

»Jeder saugt die göttliche Lebenskraft von einem andern Ort«, sagte Rabbi Pinchas, »und alle zusammen sind sie der Mensch.« Vielleicht braucht es, je mehr die Menschen ihr Verständnis von Gott vertiefen und erweitern, desto mehr Einzelne, um ihn ganz in den Blick zu bekommen. Oder es könnte sein, daß es einen Weltgeist gibt, für den wir alle Lokalreporter sind.

Benutzt stets alle geeigneten Mittel, um die Kraft der Sammlung zu bewahren, so als würdet ihr ein kleines Kind hüten. Dies riet der ch'an-buddhistische Meister Tz'u-chiao von Changlu im China des 11. Jahrhunderts.

Denker Mit fünfzig war Teilhard, wie er selbst sagte, ein Mann, der die Größe der Erde und ihrer Länder erfahren hatte. Innerhalb der ersten zehn Jahre seines Aufenthalts in China hatte er das Land vom Pazifik bis Afghanistan und vom Großen Chingan nordöstlich der Inneren Mongolei bis Vietnam im Süden im Schrittempo erkundet. Er war von der Croisière Jaune zurückgekehrt, hatte das Frühjahr hindurch in Peking gearbeitet und war den ganzen Herbst gereist. 1932, in seinem fünfzigsten Jahr, begann er Briefe an die Bildhauerin Lucile Swan zu schreiben, die er drei Jahre zuvor kennengelernt hatte und mit der er hinter ihrem roten Hoftor so häufig Tee getrunken hatte.

In seinen Anreden wurde aus »Lucile, dear friend« alsbald »Lucile, dear« und dann »Dearest« – Liebste. »Dearest« (manchmal unterstrich er das Wort) blieb sie dreiundzwanzig Jahre lang, bis zu seinem Tod. Ihre veröffentlichte Korrespondenz – Hunderte von Briefen beiderseits – ist erschütternd, denn natürlich liebte sie ihn, und er liebte sie. »Ich bin so voll von Dir, Lucile. – Wie soll ich Dir danken dafür, was Du mir bist! ... Ich glaube, ich habe in meiner inneren Evolution einen kritischen Punkt überschritten, in diesen letzten Monaten – mit Dir ... Mein Traum ist«, schrieb er ihr, »Dich strahlend glücklich zu machen.«

Sie übersetzte seine Werke. Sie modellierte für die Wissenschaft den Kopf eines Pekingmenschen. Er lotete für sie seine Gedanken aus. Ein Gedanke, auf den er häufig zurückkam, war die Treue zu seinem Gelübde. Er erklärte ihr: »Ich bin nicht mein eigener Herr.« In einem Aufsatz schrieb er: »Durch die Frau, und durch die Frau allein, kann der Mann der Isolation entkommen« – doch recht gelebt wird die Liebe selbstredend platonisch sein. »Freude und Vereinigung«, schrieb er ihr, »bestehen in einem fortwährenden gemeinsamen Entdecken. Meinst Du nicht auch, Liebste?« Er brach niemals eines seiner Gelübde. (Männer wie Frauen, die ein religiöses Gelübde abgelegt haben, stimmen darin überein, daß ihnen das gemeinschaftliche Leben zwar am meisten auf die Nerven gehe, der Gehorsam aber bei weitem das schwerste Gelübde sei und nicht, wie Laien sich vorstellen, die Keuschheit. Da er nicht im Kloster lebte, brauchte Teilhard nie ein tägliches vierundzwanzigstündiges Gemeinschaftsleben zu ertragen; der Gehorsam machte ihm schwer zu schaffen; und gegen Ende seines Lebens gestand er, daß er um seiner

Keuschheit willen naturgemäß »hin und wieder schwierige Zeiten durchgemacht« habe.)

Lucile Swan schrieb ihm: »Manchmal scheint es, ich muß so unendlich Vieles akzeptieren.« In ihr Tagebuch schrieb sie: »Freundschaft ist ohne Zweifel die höchste Form der Liebe – und auch sehr schwierig.« In den ersten Jahren lebte er in Peking, hielt sich aber mehrmals monateweise in Frankreich auf; er unternahm Reisen nach Lateinamerika, Birma, Südafrika, Rhodesien und Java. In den ersten zwölf Jahren ihrer Bekanntschaft lebten beide die meiste Zeit in Peking, bis sie 1941 in die USA zurückging. In diesen wie auch in den folgenden vierzehn Jahren reiste sie nach Frankreich, Rom, Äthiopien, der Schweiz, Siam, London und Indien und verpaßte ihn dabei manches Mal nur um wenige Tage. 1952, mit einundsiebzig Jahren, zog er nach New York, wo sie lebte und ihre Arbeiten ausstellte. Sie sahen sich häufig. »Wir bringen einander immer noch aus der Ruhe«, schrieb er ihr von Haus zu Haus. Was *sie* vor allem aus der Ruhe brachte, war seine neue innige Freundschaft mit einer anderen Frau – wie sie Amerikanerin, Schriftstellerin von Beruf.

Wiederum drei Jahre später, nachdem er einen Herzinfarkt überlebt hatte, nachdem ihre Liebesbriefe jahrzehntelang zu Hunderten um die ganze Welt geflogen waren, nach Hunderten von Trennungen und Wiederbegegnungen, nach Hunderten von Besuchen in New York, schrieb er ihr, er hoffe, »die Dinge« würden sich »emotional allmählich beruhigen«. Viel Zeit für »Allmähliches« blieb ihnen nicht, denn er starb elf Tage später. Ein Foto von Lucile

Swan mit Mitte sechzig, draußen vor ihrem Haus, zeigt eine imposante Schönheit. Ein Hund hält einen Handtuchzipfel in den Zähnen, sie hält das andere Ende fest; der Hund sieht sie an und wartet offensichtlich darauf, daß sie weiterspielt. Sie überlebte Teilhard um zehn Jahre.

»Was zwischen uns geboren ist, wird ewig währen: ich weiß es«, schrieb er ihr. Man hofft es inständig. Man hofft außerdem – oder jedenfalls ich hoffe –, daß die Seelen im Himmel weniger von Skrupeln geplagt werden oder, besser noch, von gar keinen.

Für Teilhard zerfließt die materielle Welt an den Rändern und wird durchscheinend. Die Welt ist eine Solutréenklinge. Sie verjüngt sich zu einer atomdikken Schneide. Als junger Wissenschaftler hing er der gängigen Ansicht an, die Welt sei durch und durch Materie; aus ihr könne der Geist nicht hervorgehen. Bald schon kehrte er das Verhältnis um: die Welt sei durch und durch Geist, aus dem die Materie nicht anders als durch Christus hervorgehen könne. Christus breitet sich im ganzen Universum aus, all seine Grenzen zerschmelzen. Dies ist die idiosynkratische, brillante Ausdrucksweise, die seine theologisch denkenden Leser zum Wahnsinn treibt. Christus ist Feuerstein, Feuerstein ist Christus. Die Welt leuchtet hell von innen. Die Dinge sind »die unzähligen Verlängerungen Deines inkarnierten Seins«. Oder wie hier in einem Vergleich mit einer aus dem Nebel auftauchenden Landschaft: Alles wahrt »seine eigene Gestalt, seine unabhängige Bewegung« und scheint dabei doch von innen zu strahlen, ist wie »aus ein und dem selben durchscheinenden Fleisch geformt«.

Selbst die reinsten taoistischen Metaphysiker, die Lungman-Taoisten, erklären, die Menschen könnten »mithelfen, das göttliche Werk zu verbessern« – oder wie ein moderner Taoist es ausdrückt, die Menschen können »dem Willen des Schöpfers folgend die Welt in ihrer Evolution zur höchsten Wirklichkeit leiten«. Selbst Meister Eckehart meinte, daß Gott den Menschen braucht. Gott braucht den Menschen, um von ihm offenbart, vollendet und erfüllt zu werden, sagte Teilhard. Sein Freund Abbé Paul Grenet paraphrasierte seine Auffassung von Gott: »Sein Name ist heilig, aber es obliegt uns, ihn zu heiligen; sein Reich ist allumfassend, aber es ist an uns, sein Reich kommen zu lassen; sein Wille geschieht, aber an uns liegt es, ihn zu vollziehen.« »Schritt für Schritt«, sagte der Paläontologe selbst, »... geht das Werk weiter.«

Übel 5. Mai 1995: Das vermißte Mädchen, eine Ljubawitscher Chassidin, war dünn; sie trug einen langen blaukarierten Rock und einen Anorak. Erst wenige Monate zuvor war ein zwölfjähriges Mädchen namens Holly Piirainen in dem selben Wald verschwunden, und die Suchmannschaften hatten schließlich ihre ermordete Leiche gefunden.

Die vergangene Nacht, die Suri Feldman vermutlich im Wald verbracht hatte und in der ihre Eltern vermutlich die Hölle durchgemacht hatten, war kalt gewesen; vor Tagesanbruch hatte es mehrmals geregnet. Wenn einer von uns stirbt, meinte William James, ist es, als schlösse sich ein Auge der Welt. Welcher Zusammenhang kann zwischen einem »austernhaften, grauen oder ganz schwarzen« Absoluten und einem Brooklyner Schulmädchen im Schottenrock bestehen? Ja, das ist genau die Frage, nicht wahr?

»Ich bin Jude, weil für Israel die Welt noch nicht vollendet ist: die Menschen sind's, die sie vollenden.« So der Franzose Edmond Fleg Anfang des zwanzigsten Jahrhunderts. Vor nicht allzu langer Zeit formulierte Lawrence Kushner den gleichen Gedanken nachdrücklich und direkt: »Gott hat keine Hände, aber wir. Unsere Hände sind Gottes Hände. Es liegt an uns, was Gott sieht und hört, es liegt an uns, was Gott tut. Die Menschheit ist das Bewußtseinsorgan des Universums ... Ohne unsere Augen wäre der Allheilige blind.«

6. Mai 1995: Unter den tausend Freiwilligen, die den Wald nach Suri Feldman durchkämmten, befanden sich sechshundert Chassidim, bärtige Männer in dreiteiligen schwarzen Anzügen, die in ihren Autos aus New York, aus Montreal, Boston und Washington, D.C., herbeieilten. Eine Gruppe brachte Lastwagenladungen koscherer Speisen für sämtliche Helfer mit. Isaac Fortgang aus Boston erklärte: »In der Bibel steht, wer ein Leben rettet, rettet die ganze Welt.« Tatsächlich ist es die Mischna (Sanhedrin 37a), in der es heißt, daß die Schrift »demjenigen, der nur eine einzige Seele Israels rettet, es anrechnet,

als hätte er die ganze Welt gerettet«. Suri, konnte man in der Zeitung lesen, war eines von fünfzehn Feldman-Kindern.

Ihr Vater, ein Immobilienmakler, brachte ihr Kissen mit in den Wald, damit die Bluthunde ihren Geruch aufnehmen konnten. Bluthunde, Polizisten, Feuerwehrleute, Freiwillige und selbst Hubschrauberpiloten, die Infrarotsensoren einsetzten, konnten keine Spur von ihr entdecken. Die Polizei suchte nach einem schlanken Mann von Anfang zwanzig; die Zeitung brachte ein Phantombild. Die Meteorologen kündigten für den Abend hundertprozentig Regen an, und Temperaturen unter zehn Grad.

Aryeh Kaplan, Verfasser des Buches *Jewish Meditation*, führt das Paradox an, daß der Gott des Sternenhimmels, für den eine Galaxie »nicht mehr bedeutet als eine Bakterie«, zugleich »groß genug ist, daß ein einzelner Mensch ihm genausoviel bedeutet wie ein ganzes Universum«. Viele Menschen ertragen es nicht, mit Paradoxen zu leben. Wo es danach riecht, halten sie die Luft an und ergreifen die Flucht. (Natürlich mißbilligen viele Leute auch das Bestreben Mircea Eliades, die Religionen zu vergleichen – als stellte schon der Vergleich an sich eine Mißachtung der Einzigartigkeit jeder Religion dar.)

In den USA sterben am Tag durchschnittlich nur 6381 Menschen, während 10 852 Kinder von ihren Müttern entbunden werden. Suri Feldmans Mutter erinnert sich vermutlich an die Geburt ihrer Tochter und an alles andere, was mit ihr zusammenhängt.

Am 14. April 1977 sah ich in der Morgendämmerung eine Wolke westlich von einer Insel im pazifischen Nordwesten am Himmel stehen. Die Wolke sah aus wie ein Fischfilet. Vor kurzem durchsuchten Hunderte von Freiwilligen den Himmel über der ganzen Erde, aber sie konnten die Wolke nicht wiederfinden.

Jetzt Jetzt: Auf der Mauer um die Altstadt von Jerusalem humpelt ein Mann mit hohen Stiefeln Tag und Nacht unaufhörlich hin und her. Es ist der Baal-Schem-tov, von dem die meisten meiner liebsten Gedanken in diesem Buch stammen.

Jetzt: Auf dem Bürgersteig vor einem Krankenhaus in Amerika gehen drei von ferne wie dünne Zweige aussehende Hominiden ihres Wegs, ein Mann, eine Frau, ein Kind. Einer von ihnen zögert einen Moment lang zweifelnd.

Jetzt: In gestreifter Sträflingskleidung schreibt Dietrich Bonhoeffer auf seiner Pritsche einen Brief, um seiner – überholten und vielleicht sogar letzten Endes richtigen – Ansicht Ausdruck zu verleihen, der »theologische Zwischenbegriff ... zwischen Gott und dem Glück etc. des Menschen« sei »der des Segens«. Er hofft, jemand möge einen Moment Zeit finden, um diesen Gedanken aufzudröseln.

Jetzt: Irgendwo auf der nördlichen Halbkugel trägt eine Frau einen Korb über dem Arm, in dem ihre keck blickende Tochter sitzt, ein Mädchen mit Vogelkopfzwergwuchs.

Jetzt: Durch das Fenster vor dem zugemüllten Hausaufgabentisch meiner Tochter sehe ich einen hageren Mann, der auf einer Kiste neben seinem Zelt Knochen sortiert. Kennt dieser knochige Knochensortierer die Mischna? Der Mischna zufolge schuf Gott an den sechs Schöpfungstagen die Idee des Feuers und die Idee des Maultiers. Später erkannten die Menschen, wie diese erzeugt werden: das Feuer und die Maultiere, mit denen der Mann die Wüste erkundet.

7. Mai 1995: Sie haben das chassidische Mädchen gefunden. Suri Feldman hatte sich im Wald unweit von Breakneck Brook versteckt. Sie hatte einen frischen Fußabdruck hinterlassen. In der Nähe davon stieß ein irischer Polizist aus Massachusetts auf einen Feldweg, den noch niemand abgesucht hatte. Zusammen mit fünf anderen Polizisten fuhr er hinein und entdeckte sie an einem Baum. Sie fror nicht, hatte Durst, war wohlbehalten. Als die Chassidim hörten, daß sie gefunden war, tanzten sie im Wald. Ein freiwilliger Suchhelfer aus dem Staat New York sagte: »Wir fahren. Connecticut, ade.« Mehrere Amtspersonen begleiteten das Mädchen ins Krankenhaus, wo sie untersucht wurde, und brachten sie anschließend nach Hause. Als das Auto, in dem sie saß, in Brooklyn auf den Parkplatz einbog, kam es kaum noch von der Stelle. Der ganze Platz war voller Chassidim, Chassidim in schwarzen Mänteln wie vor zweihundert Jahren, mit schwarzen Bärten und schwarzen Hüten. Ein Freiwilliger vor Ort sagte: »Ich habe noch nie so viele Leute im Kreis tanzen sehen.«

Über ihrer Straße in Borough Park in Brooklyn hing ein orangefarbenes Transparent. Darauf stand in hebräisch: »Danket dem Herrn, denn seine Güte währet ewiglich.« Anlaß zur Freude gibt es immer wieder, das ist wahr.

»Das Schlimmste am Tod muß die erste Nacht sein«, schrieb der spanische Dichter Juan Ramón Jiménez. In Jerusalems Mauern foltert ein römischer Soldat einen alten Mann. Er schabt ihm mit einem Pferdestriegel das Fleisch von den Knochen. Über dem Gesicht eines neugeborenen Kindes müht sich ein Arzt ab. Nach einer ganzen Weile beginnt das Kind zu atmen. Es schnappt nach Luft, streckt sich und fängt an zu schreien.

Gottes Immanenz, sagte Abraham Joshua Heschel, hängt von uns ab. Unsere Herzen, Hirne und Seelen machen, daß unsere Wirbelsäulen sich zum Heben strecken oder zum Graben beugen, daß unsere Arme nehmen oder geben, daß unsere Lippen gute Worte oder schlechte sprechen. Gott braucht den Menschen; ob kenotisch oder nicht, er gibt sich uns in die Hände. Für diese hochmoderne Ansicht können sich selbst manche christlichen Fundamentalisten begeistern.

Im März 1992 predigte Brother Carl Porter, ein Pastor der Evangelical-Holiness-Kirche aus Georgia, vor einer enthusiastischen Menge in Scottsboro, Alabama, wo der Schriftsteller Dennis Covington ihn hörte. »›Gott ist kein alter Mann mit weißem Bart irgendwo oben im Himmel. Er ist ein Geist.‹ *Amen.*

Danket dem Herrn. ›Er ist ein Geist. Er hat keinen Körper.‹ *Amen. Danket dem Herrn.* ›Sein einziger Körper sind wir.‹ *Amen. Danket dem Herrn.* Sein einziger Körper sind wir: das ist moderne Theologie par excellence. Daß es den Lehrsätzen von der Allmacht Gottes und seiner Vollkommenheit in sich widerspricht, scheint wenige Gläubige zu stören, vielleicht weil es mehr Probleme löst, als es schafft – beispielhalber durch die Rettung der Lehre vom barmherzigen und guten Gott.

Was schrieb Jesus auf die Erde? Eine Liste von Sachen, die er vor der Kreuzigung noch erledigen mußte? Eine Reiseroute für die nächsten paar Wochen? Über den Jordan gehen, dann nach Bethanien in Judäa, nach Ephraim am Rand der Wüste, zurück nach Bethanien und nach Jerusalem hinein?

»Bis ganz zum Ende der Zeit wird die Materie jung und überfließend, sprühend und neu sein für den, der will«, schrieb Teilhard. Feinster Löß und feinster Sand bestehen aus so vielen und so kleinen Partikeln, daß sie Lehm bilden: die Tonerde zur Herstellung der steifen Soldaten des Kaisers, die tief im Löß seinem Leichnam Gesellschaft leisteten; den Lehm, den der Baal-schem-tov in den Karpaten grub, um sich seinen Lebensunterhalt zu verdienen; den Ton, mit dem Lucile Swan über einem Gipsabguß vom Schädel des Pekingmenschen Gesicht, Kopf und Hals modellierte.

Du kannst das Chromosom nicht flicken, das Erdbeben nicht ersticken, der Flut nicht Einhalt gebieten. Du kannst die Morde des toten Tyrannen nicht wiedergutmachen, und du allein kannst lebende Tyrannen nicht aufhalten.

Martin Buber schrieb – Anfang des Jahrhunderts, als er seine beste Zeit hatte –, die Welt des normalen Alltags »gewähre« uns genau den Umgang mit Gott, der uns und unseren kleinen Anteil an der Welt zugleich erlöse. Jedem Menschen ist von Gott ein bestimmter Bezirk zur Erlösung anvertraut und zugeteilt: dieses runzlige und schwache Leben, »die Welt, in der du lebst, so wie sie ist, und nichts anderes«. Die Sphäre, in der ein Bauer Seelen lösen und göttliche Funken befreien kann, sind »seine Tiere und seine Wände, sein Garten und sein Anger, sein Gerät und seine Speise«. Hier und heute würde sich ein normaler Mensch vermutlich der Bank und der Post, der Fahrgemeinschaft, dem – Gott steh uns bei – Fernseher, dem Rentenkonto, dem Auto, dem Schreibtisch, dem Telefon und den Schlüsseln mit heiliger und barmherziger Absicht nahen. »Indem er sie in Heiligkeit hegt und genießt, macht er ihre Seelen los ... Wer in Heiligkeit betet und singt, in Heiligkeit ißt und redet, in Heiligkeit des gebotenen Tauchbads und in Heiligkeit der Geschäfte bedacht ist, durch den werden die gefallenen Funken erhoben und die gefallenen Welten erlöst und erneuert.«

Das ist das Wesentliche: »daß es dem Menschen gegeben ist, die Gefallenen zu heben und die Gefangenen zu befreien. Nicht bloß warten, nicht bloß ausschauen: wirken kann der Mensch an der Erlösung der Welt.«

»Nicht liegt es auf dir, das Werk zu vollenden«, sagte Rabbi Tarphon, »aber du bist auch nicht frei, von ihm abzulassen.«

»In unsere Hände, unser aller Hände, sind die Welt, das Leben *(unsere Welt, unser Leben)* wie eine Hostie gelegt, bereit, mit göttlichem Einfluß geladen zu werden.« Dies sagt abermals der Paläontologe mit einem christlichen Gleichnis. »Das Mysterium wird sich vollziehen.«

An jenem Morgen in Sian an der Grabstätte des ersten Kaisers, an jenem Morgen bei den Gräben, in denen Tonsoldaten und Pferde aus der Erde ans Licht zu schwimmen schienen, stand ich über der Lößebene, allein. Im Süden sah ich einen Mann gehen. Er brach vollkommen lautlos ein Feld um. Er hatte sich ein Geschirr umgelegt und zog einen Pflug. Seine Füße traten auf den blauen Schatten seiner Gestalt, und der Pflug schnitt einen langen blauen Schatten in das Feld. Er drehte sich um, wie um die Furche zu begutachten, oder als hätte er jemand rufen hören. Auch im Norden sah ich einen Mann auf der Ebene. Dieser Mann bewegte sich langsam mit einem Spaten voran und grub die grüne Erde um. Dann sah ich unweit von mir die Erde selber gehen, dunkel und luftumflimmert, wie die Erde immer zu jeder Jahreszeit geht und das Licht teilt: Die Erde pflügte die Männer unter, und den Spaten, und den Pflug. Niemand sieht, wie wir untergepflügt werden. Niemand sieht die Generationen untergehen oder die Zivilisationen. Die grünen Felder sprießen ohne Gedächtnis.

Unser Planet ist ein mit Lebewesen besäter Stern. Unsere Generationen überlappen wie Dachschindeln. Wir fallen nicht in Schwaden wie Heu, aber wir fallen. Einmal hier angekommen, bleiben wir ewig auf dem Planeten, die längste Zeit eingebettet in die Erde. Solange wir atmen, eröffnen wir die Zeit wie einen Weg im Gras. Wir eröffnen die Zeit, wie ein Bootssteven in die Welle der Gegenwart schneidet.

Schwester Pat Eisberg hält in ihren Armen einen sechzig Zentimeter großen Greifvogel, einen Weih. Sie läßt den Weih los, und mit einem Zacken seines gegabelten Schwanzes öffnet er den Mund des kleinen Leonardo da Vinci. Der Weih zieht seinen ganzen Schwanz zwischen den fast unsichtbaren Lippen des Neugeborenen hindurch; dann breitet er die Schwingen aus und fliegt durch den Korridor davon. Pat Eisberg legt das Leonardo-Bündel nach rechts auf die Wickelfläche und holt sich von links das nächste. Dieses Neugeborene ist, wie wir alle, jemandes Urenkel. Du bist tot, und täglich, jetzt und immerdar, kommen Wellen neuer Generationen als Bündel auf Wickelflächen.

Im Hochland von Neuguinea, dem heutigen Papua-Neuguinea, landete ein englischer Kolonialbeamter namens James Taylor in einem über tausend Meter hoch gelegenen Gebirgsdorf, dessen Bewohner noch keinerlei Berührung mit der Außenwelt gehabt hatten. Es war in den dreißiger Jahren des 20. Jahrhunderts. Er beschrieb den Mut eines der Dorfbewohner: Dieser Mann schnitt sich eines Tages an der

Landebahn, die im Urwald freigehackt worden war, einige Lianen und band sich damit kurz vorm Start an den Rumpf von Taylors Flugzeug. Seinen Angehörigen erklärte er ruhig, auch wenn er dabei sein Leben aufs Spiel setze, müsse er unbedingt sehen, woher es komme.

Zitatnachweis

S. 37: Ausschnitt aus dem Lied »Love me Tender« von Elvis Presley und Vera Matson. Copyright © 1956 by Elvis Presley Music, Inc., Copyright Reneved and Assigend to Elvis Presley Music (Administrered by R&H Music). International Copyright Secured. Reprinted by Permission. All Rights Reserved.

S. 91: Nelly Sachs, aus: Fahrt ins Staublose, © Suhrkamp Verlag Frankfurt am Main 1971, S. 45